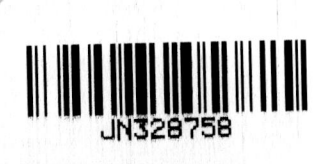

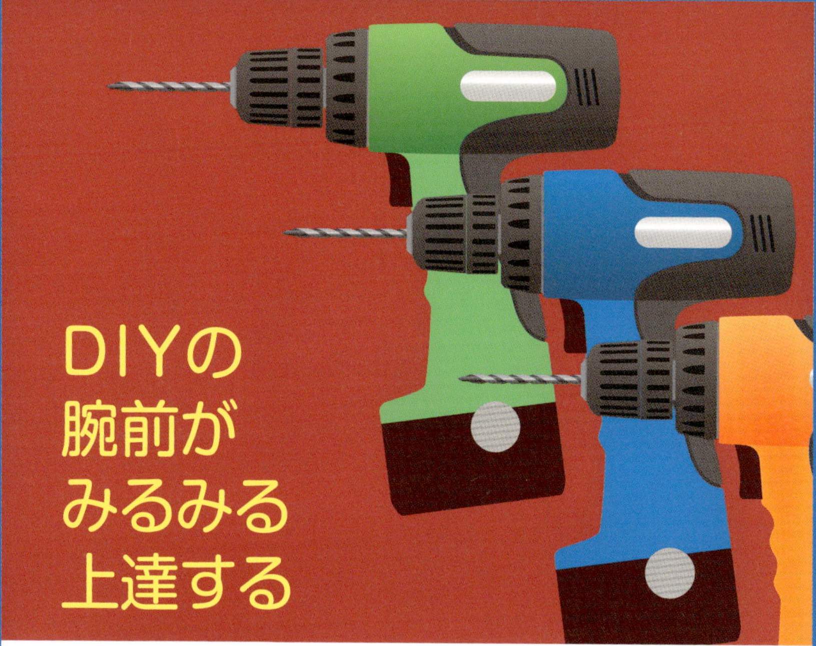

DIYの
腕前が
みるみる
上達する

電動ドリルの職人技

高橋 甫 著

技術評論社

もくじ

●写真撮影協力
八王子現代家具工芸学校
●製品写真提供
大阪自動電機㈱
日立工機㈱
㈱ブランデックス・ジャパン
ボッシュ㈱
㈱マキタ
リョービ㈱

ネジを締める

穴をあける

INDEX 1
電動ドリルを動かしてみよう ……p50

正回転にレバーを押し、穴あけしてみる

INDEX 2
銅板に穴あけをする ………p62

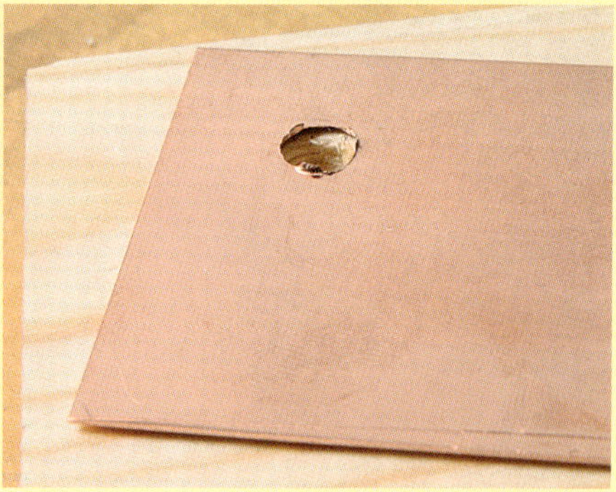

ビットが滑らないように、ドリルをゆっくり回転させ、穴あけする

INDEX❸
ソケットレンチで ボルトを固定する……p82

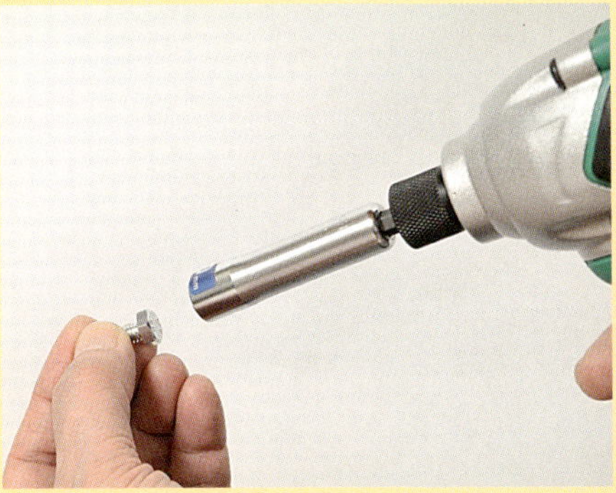

ソケットレンチを装着し、六角ボルトを回して、ナットで固定する

INDEX❹
自由錐で 大きな穴あけ……p105

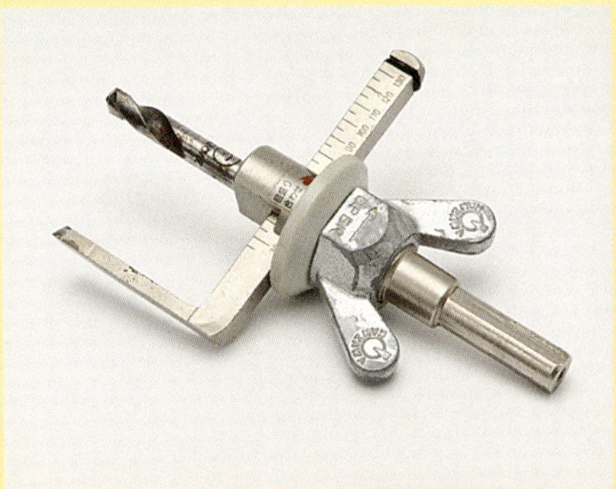

自由錐（1枚刃）を回転させることで、大きな穴あけができる

INDEX 5

ネジ頭を丸棒で隠す

p106

浅い穴をあけてネジ止めし、丸棒で穴を埋めて、ネジ頭を隠す

INDEX 6

蝶番の取り付け

p113

蝶番のネジ専用ガイドで穴あけすると、ネジ穴の真ん中にネジ止めできる

INDEX 7

コンクリートなどのハードな穴あけには、振動ドリルを使う

INDEX 8

ドリルを横置きに固定するホルダーなら、両手で安全に研磨作業ができる

～材料の選択や設計が工作のポイント～

木工作品は、使用目的に応じた材料を選択し、電動ドリルで使用するネジの長さ・太さが強度のカギを握ります。部材の選択を誤ると、工作の苦労も水の泡となるので、充分な設計のもとに作成することが大切となります。

Part 1 電動ドリルの種類と用途

電動ドリルには どんな種類があるか

ホームセンターには、ドリルドライバー、ドライバードリル、インパクトドライバー、電気ドリルなどの名称の電動ドリルが並び、ＤＩＹ工作やクラフト工作の補助工具としても魅力のコーナーが展開されているのを見かけます。

一般的に電動ドリルと呼ばれている便利な電動工具には、同じような外形でも、主に穴をあけたり、ネジを締めたり、それぞれ得意とする作業分野があり、名前にも微妙な違いがあります。

それぞれのタイプの特性を理解して、自分が「つくるもの」や「作業目的」に適した電動のドリルを選ぶようにしましょう。

電動ドリルには3タイプある

ＤＩＹ木工や趣味のクラフトに、作業の補助となる工具である電動のドリルは、ドライバードリル、インパクトドライバー、電気ドリルの３タイプに大きく分けることができます。

ドライバードリル

バッテリータイプの例

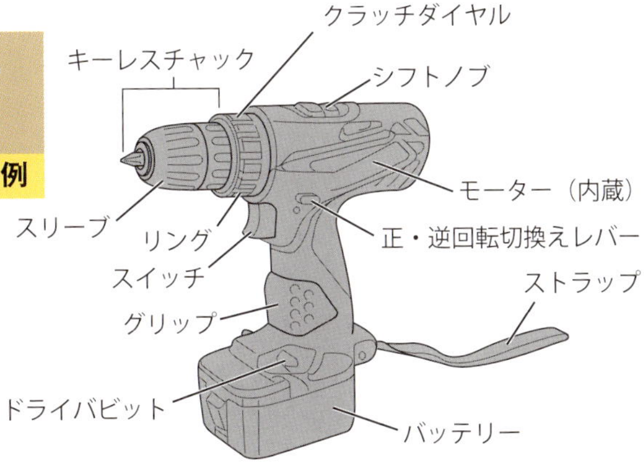

インパクトドライバー

AC電源タイプの例

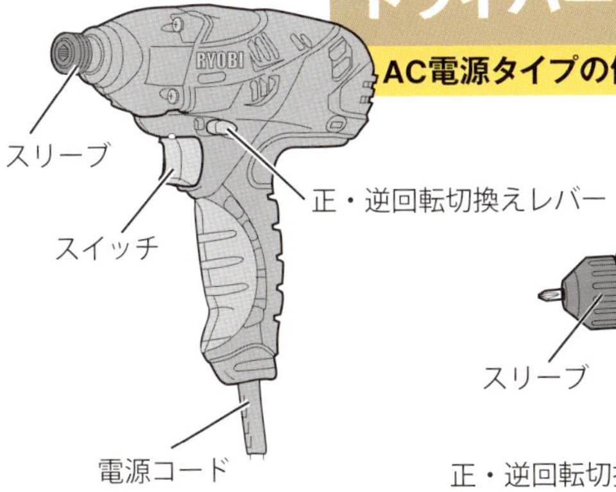

電気ドリル

AC電源タイプの例

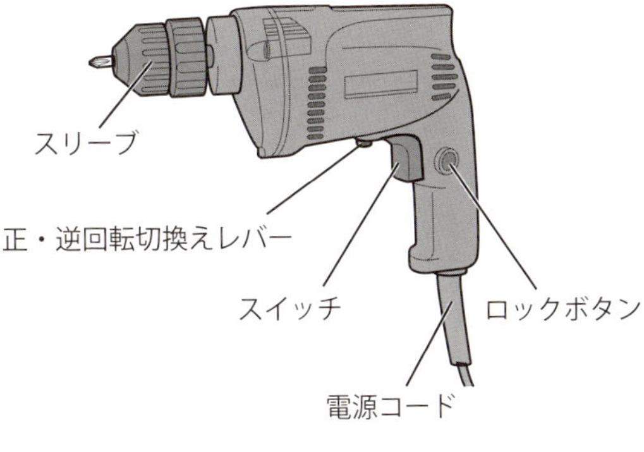

電動ドリル 3タイプの特長

どのドリルも本体の先端に、ドライバービットやドリルビットを取り付けて使い、ネジ締めにはドライバービットを、穴あけにはドリルビットを挿し込んで作業に使います。それぞれ得意分野があるので、どんな作業に適しているか特性を引き出して効率よく利用することにします。

汎用性が高い ドライバードリル

「電動ドリル」、「ドライバードリル」は、電動工具のなかでも活用頻度が高く、日曜大工から建築にまで幅広く使われる工具です。穴あけには「ドリル」、ネジやボルトの脱着には「電動ドライバー」、両方使えるタイプは「ドライバードリル」に分類されます。性能・機能も幅広く、商品数が多いので、用途に合わせて選ぶことが大切です。

大きな家具類から小さなものまで作りたいという場合は、作業範囲の広いドリルドライバーが適していますので、最初の1台として購入するにはお勧めです。

●ドライバードリル

仕様	(日立工機	FDS12DVDの例)
ネジ締め能力(mm)	木ネジ	φ5.8×63
穴あけ能力(mm)	木工	φ25
	鉄工	φ12
回転数(回/分)	低速	0〜350
	高速	0〜1,050
最大トルク(N·m)	低速	32
	高速	7
質量(バッテリー装着時)		1.5kg

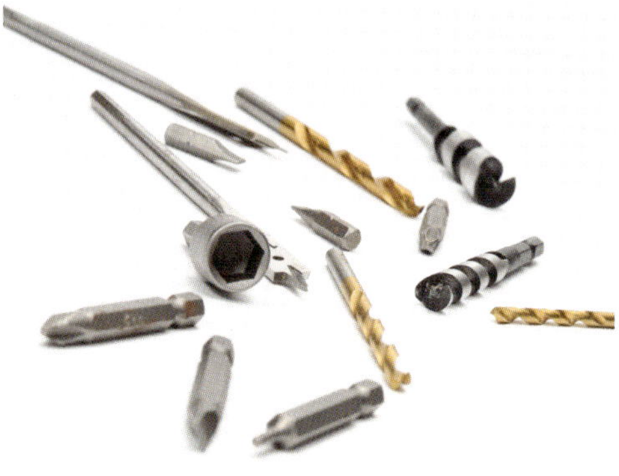

●さまざまな先端工具
ドリル、ドライバー、ソケットなど

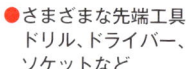

強い力でネジ締めする インパクトドライバー

インパクトドライバーはコーススレッドなどの木ネジを締め付けることにもよく使い、小型でも回転パワーが大きく、強い力でネジ締めができるのが特徴です。

ガーデン・デッキなどの大きなものを作るときは、インパクトドライバーが便利です。しかし、ドリルドライバーの仕事のすべてをインパクトドライバーで行なうことはできませんので、作業目的を考えて選ぶ必要があります。

●充電式インパクトドライバー

仕　様　（マキタ　TD090DWXの例）

ネジ締め能力（mm）	コーススレッド	22~90
ネジ締め能力（mm）	普通ボルト	M5~M12
回転数（回転/分）		0~2,400
打撃数（回/分）		0~3,000
最大トルク（N·m）		90
質量（バッテリー装着時）		0.92kg

いろいろな材の穴あけに 適している電気ドリル

先端にドリルビットを取り付け、回転させて穴をあける電動工具で、ドリルビットを交換して直径の異なる穴あけや、いろいろな材料にも穴あけができます。回転数が高く特に金属に穴をあける作業に適しており、ネジやボルトの脱着には向いていません。

●電気ドリル

仕　様　（日立工機　FD6SBの例）

穴あけ能力（mm）	木工	13
	鉄工	6.5
回転数（回/分）		2,700
チャック把握径（mm）		0.5~6.5
電源（V）	単相交流	100
消費電力（W）		240
質量		0.9kg

作業範囲の広い ドライバードリル

ドライバードリルは、ビットの種類を変えることで、穴あけやネジ締め作業ができ、さらに研磨用のビットを取り付けることで、材を磨く・削る作業まででき、作業範囲の広い電動ドリルです。

ドライバービットを使ってネジの脱着を得意とする工具で、木ネジやボルト・ナットなどのネジ締めと弛める作業に使います。また、穴あけビットを使って木材や金属板の穴あけができます。さらに、研磨用ビットをセットして、磨いたり削ったりする作業にも使え、汎用性の高い電動ドリルです。

細いドライバービットを使えば、オーディオや家電などの小型のネジにも適した使い方もできます。また、狭い場所でも扱いやすく精密作業にも対応する小型のペンタイプも人気を集めています。

ドライバードリルは、ＡＣ電源（家庭用 100 Ｖ）を使うタイプと、充電バッテリーに分けることができます。

●充電式ドライバドリル

仕　様　（マキタ　DF030DWXの例）		
穴あけ能力（mm）最大	木工	21
	鉄工	10
ネジ締め能力（mm）	木ネジ	φ5.1×63
	小ネジ	M6
チャック（mm）	六角対辺	6.35
回転数（回/分）	高速	0～1,300
	低速	0～350
質量（バッテリー装着時）		0.88kg

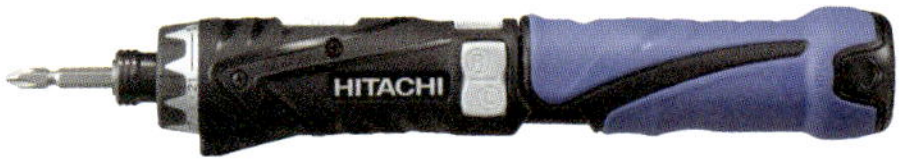

●3.6V コードレスドライバドリル

仕　様　（日立工機 FDB3DL2の例）		
穴あけ能力（mm）	鉄工	φ5
ネジ締め能力（mm）	木ネジ	φ3.8×38
最大トルク（N·m）	高速	1.5
	低速	5
回転数（回/分）	高速	600
	低速	200
バッテリー		リチウムイオン
質量（バッテリー装着時）		0.45kg

●コード式ドリルドライバー

仕　　様	（ブラック・アンド・デッカー KR151の例）	
最大能力	木工	10
	鉄工	5
最大締め付けトルク		6.9（N・m）
回転数（回転/分）		0〜650
チャック能力		6.35
スイッチタイプ		無段変速
電源（V）	単相交流	100
消費電力（W）		90
質量		0.8kg

● バッテリードライバードリル

仕　　様	（ボッシュ PSR18LI の例）	
能力（直径:mm）	木工	30
	鉄工	10
	ネジ締め	10
回転数（回転/分）		0〜850
トルク調整範囲	10段階	0.7〜4.0N・m
最大トルク（ドリルポジション）		28N・m
チャック把握範囲（直径:mm）		1.5〜10
バッテリー		リチウムイオン
質量（バッテリー含む）		1.2kg

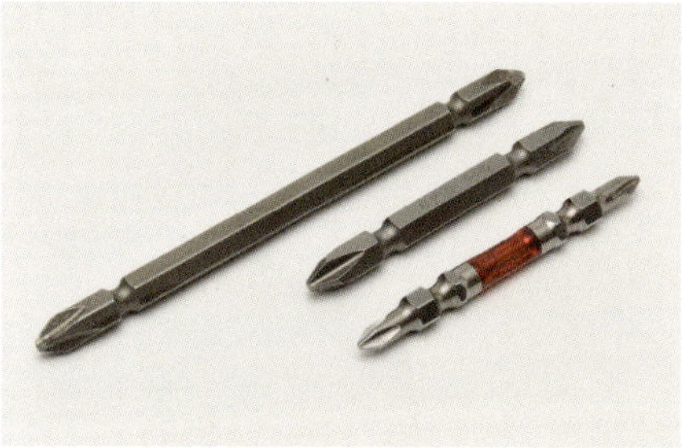

ドライバービット

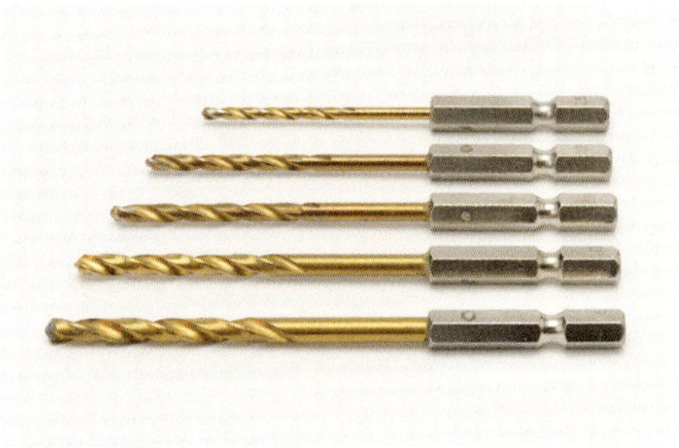

ドリルビット

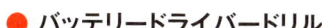

ネジ締めが得意な
インパクトドライバー

ウッドデッキを作るときなど、長いコーススレッドを大量に打ち込む作業や、堅い広葉樹の木材にネジを打ち込む作業、ボルト、ナットのネジ締め作業に適しています。

見た目や使い方は電動ドリルドライバーとほぼ同じですが、回転方向に衝撃（インパクト）を加えて回す仕組みの電動ドライバーで、強い力でネジを締め付けることが得意なマシンです。

同じクラスのドライバードリルと比べると、約10倍のトルク（締め付ける力）で作業できるのが特徴で、ドライバードリルのようなクラッチ機構はなく、ネジを締め過ぎないよう注意が必要です。

打撃力の強弱を調整できるタイプのものもあり、調整段数が多い製品が便利です。N・m（ニュートン・メートル）の単位で表されるトルクは、大きいほど強力になり、太いネジ・ボルトを扱うことができます。パンフレットなどには木ネジは何ミリ、ボルトは何ミリと適応する直径サイズが示されています。

●バッテリーインパクトドライバー

仕　様　（ボッシュ PDR18LIの例）		
締め付け能力（mm）	木ねじ:最大	125
	普通ボルト	M5-M12
	高力ボルト	M5-M10
最大締め付けトルク（N·m）		130
回転数（回転/分）		0〜2,600
打撃数（回/分）		0〜3,200
バッテリー		リチウムイオン
質量（バッテリー含む）		1.25kg

● 充電式インパクトドライバー

仕　様　（マキタ　M695DWX の例）		
締め付け能力（mm）	高力ボルト	M5〜M12
	コーススレッド	22〜125
最大締付トルク（N·m）		130
回転数（回/分）		0〜2,400
打撃数（打撃/分）		0〜3,000
バッテリー		リチウムイオン
電圧（V）		直流14.4
質量（バッテリー含む）		1.3kg

電源にはバッテリータイプとＡＣ100Ｖタイプがあり、特徴や使い方についてはドライバードリルと同様で、主にどんな使い方が多いのかによって選ぶようにします。

インパクトが作動するときの音は大きく、近所への騒音には特に注意が必要です。

●インパクトドライバー　（AC100V）

仕　様	（日立工機　FWH12VD の例）	
締め付け能力（mm）	小ネジ	M4～M8
	普通ボルト	M5～M12
最大トルク（N･m）		120
回転数（回/分）		0～2,100
打撃数（打撃/分）		0～3,000
電源（V）	単相交流	100
消費電力（W）		260
質量		1.1kg

●10.8V コードレスインパクトドライバー

仕　様	（日立工機　FWH10DFL の例）	
締め付け能力（mm）	小ネジ	M4～M8
	普通ボルト	M5～M12
最大トルク（N･m）		95
回転数（回／分）		0～2.500
打撃数（打撃/分）		0～3.000
バッテリー		リチウムイオン
電圧（V）		10.8
質量（バッテリー含む）		1.0kg

●インパクトドライバー

仕　様	（リョービ　CID-1100 の例）	
締め付け能力（mm）	小ネジ	M4～M8
	普通ボルト	M5～M12
最大締付トルク（N･m）		110
回転数（回/分）		0～2,400
打撃数（打撃/分）		0～3,200
電源（V）	単相交流	100
消費電力（W）		180
質量		1.0kg

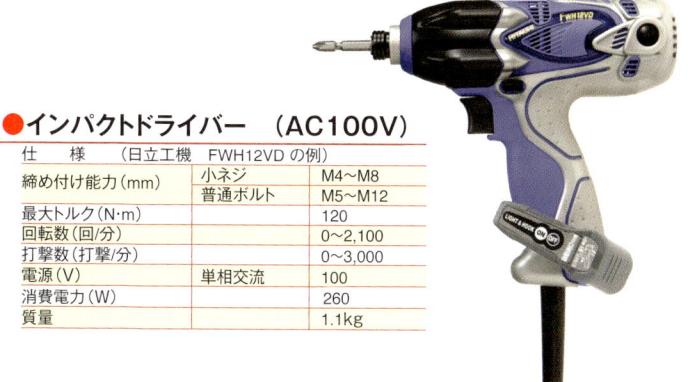

穴あけ専用の電気ドリル

先端にドリルビットを取り付け回転させる、穴あけ専用の電動工具です。ドリルビットを交換して、直径の異なる穴あけや、木材や金属など多種多様な素材に穴をあける作業に使います。回転数が高く、特に金属の穴あけ作業に適しており、素早くきれいに仕上げることができます。

ビットの固定には、「ドリルチャック」と、手で回すだけの「キーレスチャック」があります。ドリルチャックは、専用のチャックキーを用いるのでビットの緩みによる空回りが起きにくく、電気ドリルに多く採用されています。

選ぶときは、最大の穴あけ能力が記されているので、用途に合っているかを確認します。回転数が変更できる「変速機能」付きもあり、ＡＣ 100 Ｖタイプだけでなく、充電できるバッテリータイプのものもあるので、用途に合わせて選ぶことができます。

ネジ締めやボルトの脱着には適していませんが、コンクリートの穴あけには振動ドリルが便利です。

電気ドリルで金属板の穴あけ作業

●電気ドリル

仕　　様	（リョービ　D-1100VR の例）	
最大穴あけ能力	木工	25
	鉄工	10
回転数（回/分）		0~2,800
チャック把握径（mm）		1.0~10
電源（V）	単相交流	100
消費電力（W）		500
質量		1.4kg

●電気ドリル

仕　　様	（マキタ　M609の例）	
最大穴あけ能力	木工	25
	鉄工	10
回転数（回/分）		0~2,500
ドリルチャック能力（mm）		0.8~10
電源（V）	単相交流	100
消費電力（W）		350
質量		1.4kg

ビット（先端工具）は消耗品？

電動ドライバーで使うドライバービットは、ちょっと使っただけですぐに先端に傷がついて、摩耗したり変形するタイプのものがあります。

ドライバービットには硬度に種類があり、軽負荷の場合は硬いビットを用い、高荷重や高負荷の場合はビットに柔らかいものを使います。これは、堅い材料にネジを使って大きな負荷がかかるとき、ネジの頭の溝を潰さないように進めるためと、大きな荷重で折れて飛び散らないように考えられたものです。

ドライバービットは消耗品と考えることができ、ホームセンターでは、ほとんどが硬度の高いものを販売しているようで、まったく同じドライバービットが数本セットで販売されているのを見かけます。

ネジ頭の溝をなめて潰すことはよくあることですが、ビットの硬さが影響するとしても、ドライバーをビスに押し付けるときの力も大きくかかわります。ただ強く押し付けて回転することがよいとは限らず、適した強さを探して締め付けるようにします。

コーススレッドを回すドライバービット

押し付ける力の具合でビスの溝を潰してしまう

ハンディーで小回りが効く！
コンパクトタイプのドライバー

ハンディな電動ドライバーは、「小さな手」でも持ちやすく、狭い場所でも使いやすいなど、クラフト作家にとっても魅力にあふれています。

女性でも扱いやすい 手のひらサイズ

トリガーを引いて先端のビットを回す仕組みは、電動ドリルドライバーと同じで、組み立て家具やカラーボックスの組立、絵を壁に掛けるネジ止めなど、それほどパワーを必要としない作業に適しています。

木工作で細い木ネジを締め付けるとき、ドリルの力が強いと穴が拡がってネジが弛んで失敗することもありますが、このハンディタイプのドリルドライバーは回転が遅いので、ストップするタイミングを逃さずに締め付けができます。

また、本格的なＤＩＹの趣味でも、電動ドライバーが入らないような狭い場所で使うことができるので、２台目の電動ドライバーとしても準備しておくと便利です。

カーテンボックスのネジ締めにも便利

●ブラック・アンド・デッカー
スーパーコンパクト
ドライバー
CP310X

狭いコーナーや組み立て家具にも
活躍するコンパクトタイプ

電池タイプも選択の要素

小型電動ドライバーは、そのほとんどが充電式（コードレス）です。小型電動ドライバーには乾電池や乾電池サイズの充電電池を使用するタイプもありますが、ある程度パワーが欲しい場合は充電器付属の電池内蔵タイプに注目です。

特に、リチウムイオン電池の採用が、継ぎ足し充電を可能にしているので気楽に使うことができ、もう１台の電動ドライバーとして手許に置きたいところです。

●コードレススクリュードライバ

仕　　様（ブラック･アンド･デッカー　CP310X の例）		
ネジ締め能力(mm)	木ネジ	38
最大締付トルク(N･m)		7.7
回転数(回転/分)		180
チャック能力		6.35
低格電圧(V)	リチウムイオン	D.C 3.6
スピンドルロック		有り
質量		0.4kg

●充電式スクリュードライバ

仕　　様　（ボッシュ IXO 4 PLUS の例）		
ネジ締め能力(mm)	木ネジ	直径5
最大締付トルク(N･m)		4.5
回転数(回転/分)		215
使用ビット(HEX) mm		6.35
低格電圧(V)	リチウムイオン	D.C 3.6
質量		300g

ビットフォルダー付の
充電器にセットした
IXO　4PLUS

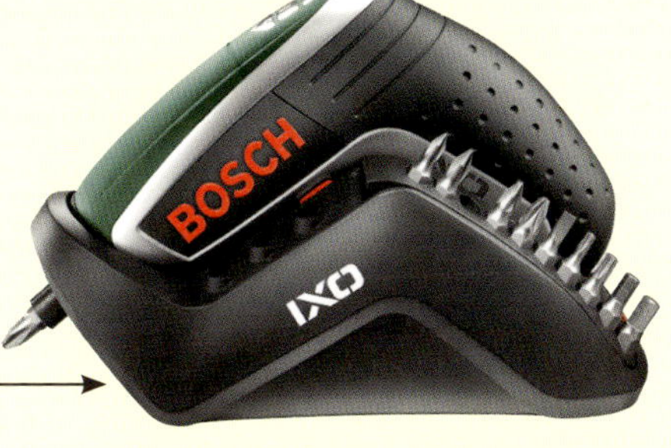

※ビットフォルダー付の充電器

インパクトドライバーは万能か？

インパクトドライバーは、使い方も見た目も電動ドリルドライバーに似ていて、しかも強い力でネジ締めや穴あけできるので、これ1台ですべての作業がカバーできそうに思えますが、回転スピードを調整して繊細な作業を行うには、かなりの慣れが必要です。

最大の特長は力強いパワー

大工さんや家具屋さんなど、プロはたいていインパクトドライバーを使ってコーススレッドと呼ぶ長いネジを、クギの代わりに打ち込んで木材を固定しています。インパクトドライバーの打撃力を利用して、力強く打ち込む作業に便利なマシーンです。

インパクトドライバーは堅い木や厚みがある材料に、たくさんのビスを打ち込むツールとして適しています。特に、ウッドデッキ製作などで、長いネジをたくさん打ち込む作業は、インパクトドライバーが得意とする分野です。最大締付トルク値が120N·m（ニュートンメートル）あれば、ツーバイフォー材を使ったデッキや家具などの木工製作などでは、とても頼りになる電動工具です。

電動ドライバードリルではネジ込みが難しい長いネジも、インパクトドライバーなら力強くネジ込むことができ、力強いパワーが特長です。

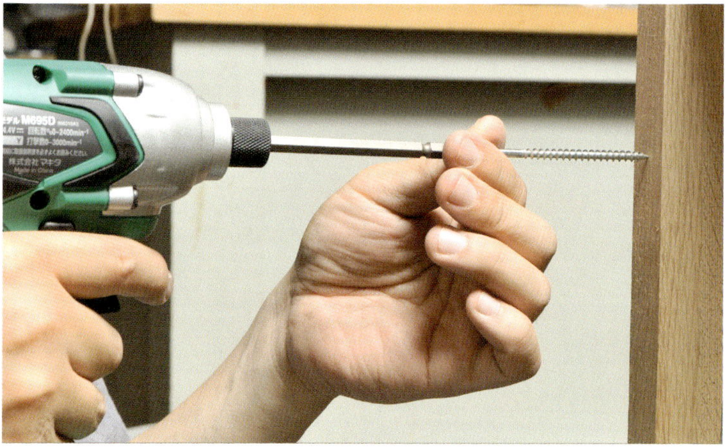

インパクトドライバーでコーススレッドを打ち込む

インパクトドライバーの使い方

インパクトドライバーは、一定以上の負荷がかかると、本体のなかでドリル軸を回転方向に叩いて強く回す仕組みになっていますが、締め過ぎるとネジが材料にめり込み過ぎたり、ネジ頭の溝が滑ってつぶれたり、ネジやビットが折れることもありますので、程よいところを判断して締め込みを終了させます。

ビット取り付け部は6.35mmの六角軸に適した形になっているため、丸軸のビットを挟む時はチャックアダプタを取り付けます。このインパクトドライバーは、ネジの締め付けで、プラスビットが滑らないように、最低の力でありながら必要な力で押し付けて使うことができるようになると、作業もスピーディに気分よく進みます。

インパクトドライバーには、ドライバードリルのようにトルクを調節する機構（クラッチ機能）が付いていないので、柔らかい木材にネジを打ち込む作業はやや苦手です。慣れればトリガースイッチの引き具合を微妙に加減して、ビット軸の回転スピードを慎重に調整して作業することで、繊細な作業に使うことができます。使い込んで慣れてくれば、ドリルドライバーと同じような使い方も不可能ではありません。

インパクトドライバーに六角軸付きチャックアダプターを装着し、ドリルビットを挿し込む様子

インパクトドライバーのメリット・デメリット

○堅い材料にもネジを打ち込むことができる

○作業のスピードアップにつながる

○インパクトの音が充実感につながる

×パワーが必要な大きな穴あけのとき、インパクト機能が働いて回転が遅くなる

×トルク調整ができないので、ねじ込み過ぎてしまうことがある

×打撃音が大きい（マンションでは注意）

×スピード調整が難しいので、ねじ込み過ぎに注意する

電動ドリルの部位と働き

電動のドリルには大きく分けると、ドリルドライバー、インパクトドライバー、電気ドリルの３タイプがあり、形状に若干の違いがありますが、基本的な部位と働きは共通しています。
ここでは、インパクトドライバーを例にして、その部位名称と機能の概略を説明します。

電動ドリルの部位名称（正面）

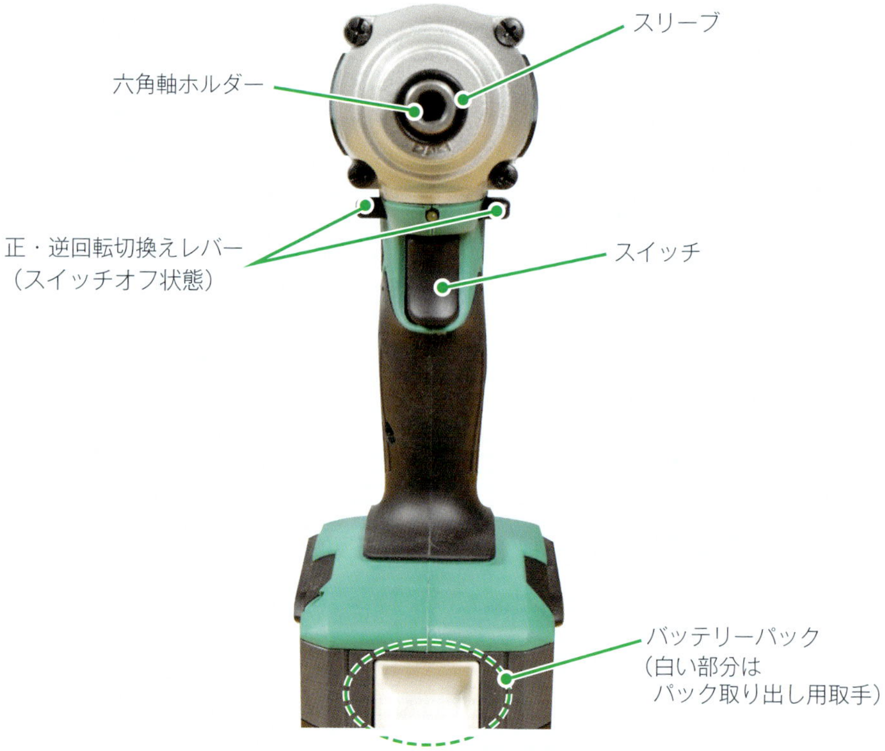

電動ドリルの部位名称（側面）

この機種はバッテリーを
横にずらして外す

回転方向の切換えレバー

正・逆回転の切換えが簡単

モーターの回転方向の切換えは、正・逆回転切換えレバーの操作で行うことができます。グリップを握ったまま片手で切換えができる、とても便利な構造になっています。

右手でグリップを握って、正・逆回転切換えレバーを親指で押し込むと、逆回転（本体後方から見て左回転）になり、反対側の面から人差し指で切換えレバーを押すと正回転（本体後方から見て右回転）になります。正回転がネジを締める回転方向になります。

切換えレバーを中央に止めるとオフになり、スイッチは入りません。トリガースイッチが作動できない状態になり、安全にビットを交換するために必要な機構です。

右手でグリップを握った場合、
回転切換えレバーを人差し指で押すと、
正回転のネジを締める回転方向になる

正面から見た回転切換えレバーの位置

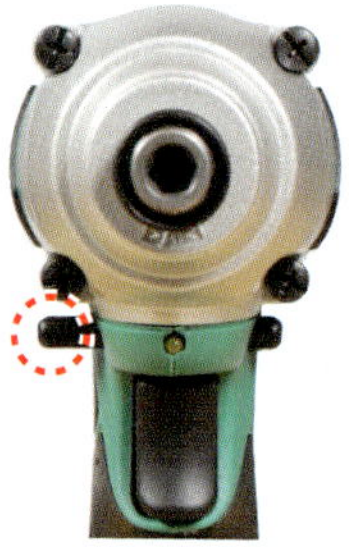

逆回転位置

正回転位置

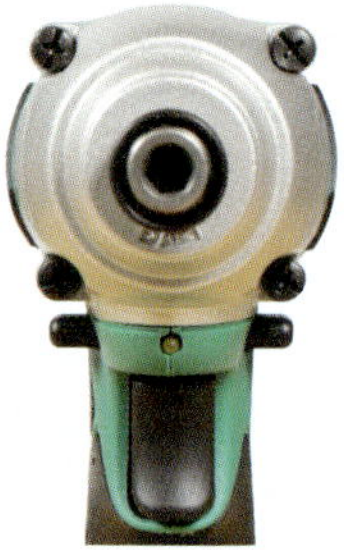

レバーが中央にありスイッチオフ状態

チャックの種類

ビットを取り付ける部分をチャックと呼び、ビットを３本の爪で締め付けるチャックは２タイプあります。ほとんどの電気ドリルやドライバードリルにはドリルチャックか、キーレスチャック（キーレスドリルチャック）のどちらかが使われ、チャック内部の３本の爪で均等にビットを締め付ける構造にしてあります。チャックはとても精巧なパーツで、ずれることなくビットのセットができます。

ドリルチャックの特徴

◆基本形であるドリルチャックは精度が高く、キー（チャックハンドル）を使って充分に締めることができるため信頼できる。また、逆転や主軸の急停止にも強い構造になっている。
◆キー（チャックハンドル）で締め付けたり弛めたりすることが煩わしい。
◆キーで締めた後、キーを外して安全を確認する必要がある。
◆キーレスチャックに比べて全長が短くコンパクト。
◆豊富なサイズが用意されている。
◆締めすぎた場合は、キーで弛めるのがたいへんなことがある。
◆インパクトドライバーでも、ドリルチャックを取り付けることができる。

インパクトドライバーに
ドリルチャックを装着した状態

ドリルチャックにビットを挿入した状態

ドリルチャックはキーで締める

キーレスチャックの特徴

◆手でスリーブを回してビットを締め付けたり、弛めることができるので、着脱の手間が省ける。

◆インパクトドライバーでも、キーレスチャックを取り付けることがでる。

◆強く抵抗がかかって締まり過ぎた場合、手で弛めるのがたいへんなことがある。

◆回転中に、急な力がかかってドリルシャンク(柄)がスリップすると、深い傷を付けることがある。

チャック内側の３本の爪がビットを締め付けた状態

六角軸付きキーレスチャック

インパクトドライバーに
六角軸付きキーレスチャックを装着した状態

六角軸ホルダー

インパクトドライバーに用いられている六角軸ホルダーは、ワンタッチでビットを取り付けることができます。スリーブを先端方向に引いた状態で、六角軸のビットをホルダーに挿し込み、スリーブを元の状態に戻すことでビットがホールドされる便利な仕組みです。

これは、六角軸ビット専用のホルダーですから、丸軸のビットを直接取り付けられません。インパクトドライバーで、丸軸タイプのビットを使う場合は、六角軸付のドリルチャックや六角軸付キーレスチャックを取り付けることで、使用が可能となります。

六角軸ホルダーの特徴

◆ワンタッチでビット装着できることは、ワンタッチでビットを外すこともできる。スリーブを引いて、本体を下向きにすると、ビット自体の重さでビットが出てくるので、ビット交換も素早くできる。

◆ビットの重さで外れるので、ビットが熱くなっているときでも直接触らずにすむ。

◆六角軸ビットであれば、インパクト(打撃)が作動する状態でも、ホルダーの中でビットが滑ることがない。

◆インパクトの機構が作動すると回転スピードが落ち、穴あけなどの進行が遅くなるが、太いビットでも扱えるようになる。

六角軸付きドリルチャック

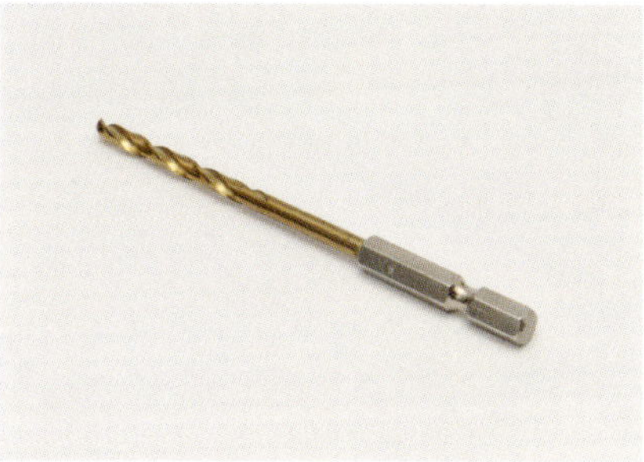

六角軸ホルダーに対応したドリルビット

AC電源タイプとバッテリータイプ

AC電源タイプ

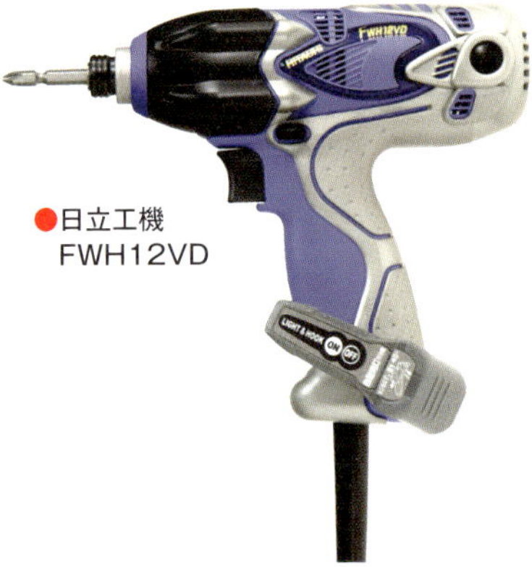

●日立工機
FWH12VD

ドライバードリルもインパクトドライバーも、家庭用電源を利用する100Ｖタイプがあり、使い勝手と価格によって自分の製作物に適した特性のマシンを選ぶことができます。コード式やＡＣ電源、100Ｖタイプなどと表現されることもあり、どれも同じものを指しています。

コード式は屋内の作業をメインに、狭い場所での作業、作業台での工作などに向いていますが、屋外で作業する場合には延長コードが必要になります。マシン自体は軽く、ＡＣ電源なので安定したパワーが持続し、コンセントに挿し込めばいつでも作業が開始できます。バッテリー式に比べて低価格なのでコスト面でも有利で、コードが付いていることに慣れてしまえば、充分にメリットがあるといえます。たまに電動工具を使用するのであれば、ＡＣ電源タイプで充分といえます。

バッテリータイプ

バッテリータイプは、屋外での作業や、移動しながら使うには有利です。

バッテリータイプの電動工具には、本体にバッテリーが内蔵されているタイプと取り外しができるタイプがあります。取り外しができるタイプでは専用の充電器を使い、バッテリーが２個付いているタイプならば、作業している間にもう１つのバッテリーを充電できるので便利な使い方ができます。

バッテリーが内蔵されているタイプは、ＡＣアダプタを使って本体に直接差し込んで充電します。このタイプは、小型でパワーの小さいものが多く、製作物によって選択します。

●ボッシュ
PSR18

バッテリータイプと充電方法

バッテリータイプの主流はリチウムイオンバッテリー

従来の電動工具のバッテリーは、ニッカドやニッケル水素が多かったのですが、現在はリチウムイオンが主流となりつつあります。

リチウムイオンバッテリーは自己放電が少なく、長期保存してもフル充電に近い作業が可能、という特性があるからです。しかもリチウムイオンバッテリーの場合、1つあれば各種の電動工具に使い回せるように考えられています。さらに最近は、園芸ツール、ライト、送風機などにも使えるように、使用範囲が少しずつ広がっています。

なお、バッテリー式電動工具は、本体のみ販売されているケースもあり、バッテリーと充電器が付属されているセット品より安価に購入できます。

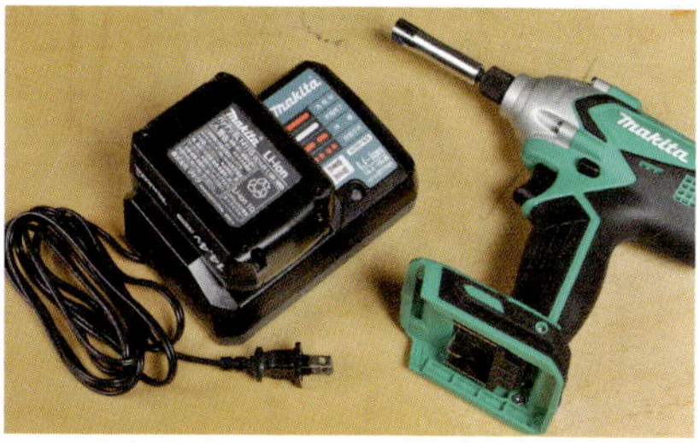

リチウムのマークを付けたバッテリー

充電方法

バッテリータイプは、使用しているうちに充電した電気の量が減ってパワー不足になります。そのため充電することになりますが、ある程度時間が必要です。

充電中は、充電器のランプが点灯、あるいは点滅しますが、メーカーや型番によっても異なります。充電完了を示す点灯で、見てわかるようになっています。また、完了をアラームで知らせるタイプもあります。

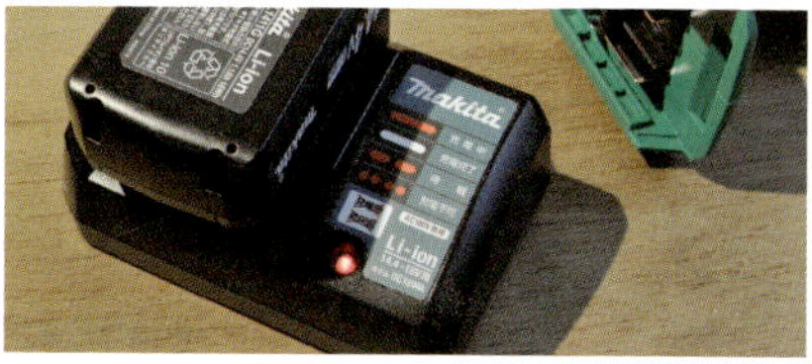

充電状態を示すランプ

リチウムイオンバッテリーを長持ちさせる方法

リチウムイオンバッテリーを長持ちさせる充電方法として、メーカーは次の方法を推奨しています。

- 工具の力が弱くなってきたと感じたら使うのをやめ充電する
- 充分に充電したバッテリーは再度充電しない
- 充電は気温10℃～40℃の環境で行なう
- 使用直後などで熱くなったバッテリーは、冷えてから充電する
- バッテリーを6か月以上使わない場合は、充電してから保管する

安全に作業するためのポイント

モーターのパワーを使って効率よい作業をする電動工具を使って、安全な作業を続けるためには、作業する際の服装に注意し、危険を防止するさまざまな防具を活用しましょう。

安全な作業のために

防具や服装で危険を防ごう

服装に注意する

袖口がゆるく垂れ下がっている服は着ないようにします。木クズが飛び散ることに慣れていない場合は、長袖シャツを着るようにします。このときも、袖のボタンをしっかり止めることで、材料に触れないようにし、また工具に巻き込まれないように注意します。

保護メガネをかけよう

作業時にビットが削り取るクズが飛び散り、眼に飛び込んでくることもあります。また、ビットの先が折れて飛んだりするとかなり危険です。ドリルスタンドの利用や、ボール盤を使うときなど、顔を近づけてしまうことがあり、保護メガネは必需品となります。特に金属の削りクズは要注意です。

通常のメガネタイプやゴーグルタイプのものがあります。ゴーグルタイプならメガネの脇も塞いでいるので、削りクズに対して安心感がありますが、気温が高い日は汗で、寒い日は息で曇ることもあります。ゴーグルタイプにもメガネタイプにも、通常のメガネをかけたままで使えるものがあります。

防塵マスクと耳栓を使う

作業時の削りクズの吸入を防ぐには、カップタイプの防塵マスクを使います。少々息苦しいこともありますが、集成材の研磨やカットで出る粉塵の吸い込み防止に使いたいアイテムです。また、電動工具の回転音が気になる場合には、耳栓も有効です。他の電動工具を使うときにも必需品です。

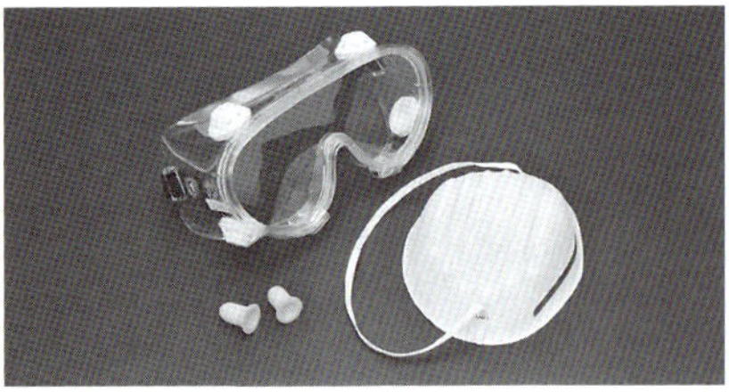

保護メガネ、防塵マスク、耳栓

キャップでほこりを防ぐ

キャップは、布製で洗えるタイプで、目の詰まった生地を選ぶようにします。作業内容によっては、キャップのつばが視界の邪魔をすることがあり、つばの短いものを選ぶか、後ろ向きにかぶるようにします。

丈夫な生地のエプロンは便利

穴あけ加工は、切りクズが周囲に飛ぶことがあるので、衣服に付着しないようにエプロンを使うと便利ですが、電動ドリルを使うときだけにします。例えば、電動ノコギリを使うときは、エプロンの端を巻き込む恐れがあるので注意が必要です。

衣服に削りクズを付着したまま歩き回ると、クズを拡散してしまいますので、時々払い落としておくとよいでしょう。

軍手は使わず、タオルを首にかけてはいけない

電動工具では、危険を回避するために軍手は使わないようにします。材料の状態によっては、ケガ防止のためにグローブを使うことがありますが、あくまでも滑り止めで、手にフィットしたものを使うようにします。

暑い季節になると、タオルなどを首に巻いて汗を拭くと便利ですが、回転機器に巻きつく危険がありますので、絶対に首に巻いてはいけません。

小型ほうきを頻繁に使う

工作台の上には、削りクズや切りクズが飛び散ります。小さなクズでも材料が滑る原因や、キズを付ける原因になります。そこで、工作台の上を掃除する小さなほうきを準備すると便利で、材料のチリをはらう、あるいは工具をきれいにするときにも使います。

作業台の上で、削りクズに刃物などの道具類が埋まってしまう、または床に道具類が埋まっている場合、人が踏んでしまうと大変危険です。常に、クズがたまる前に掃除する習慣をつけましょう。

金属のクズは危険度が大きい

小型ほうきで削りクズを掃除することが
安全にもつながる

安全な作業のために

必ず電源を切って作業を準備しよう

ビットの取り付けや交換のとき、本体のスイッチを切っただけで作業をするようなことがあると、誤ってスイッチが入ったとき、それが思わぬケガにつながる危険があります。ビットの交換やメンテナンスのときには、バッテリーを外したり、コンセントからプラグを抜くなど、確実に電源を切ることを習慣にします。

電源オフで誤作動を防ぐ

■バッテリータイプの場合■

バッテリータイプの電動ドリルなら、バッテリーを抜いてからビットを交換します。特にドリルチャックをキーで回すときには、バッテリーを抜くことを習慣にしましょう。

ＡＣ電源のマシンでビット交換するときは、コンセントからプラグを抜いてから行う

ビットの交換やメンテナンスのときには、バッテリーを抜いて、突発的事故を防止する

■ＡＣ電源の場合■

100 ＶのＡＣ電源タイプでビットを交換するときは、コンセントからプラグを抜くようにします。作業の途中であれば、抜いたコードは首にかけておきます。

抜いたコードは首にかけるよう習慣にするとよい

電源コードにも配慮が必要

■延長コードの準備■

電動ドリルの電源コードの長さが充分でない場合には、延長コードを購入することになりますが、機器の電流値が 15 アンペア以内ならば、コードの太さの表示が 1.25 ｍ㎡のものにし、長さを 10 ｍ以内にします。延長コードを使うとき、余ったコードをきつく巻いたりせず、保管時もゆったり巻いておくようにします。

延長コードはゆったりと巻いておく

■レバー付きプラグを使う■

電動ドリルのビット類を交換するときに、電源コードを抜くことは大事な鉄則ですが、片手でコードを抜くことができれば面倒がらずに安全が確保できます。市販されているレバー付きプラグなら、片手で簡単にコンセントからコードを抜くことができます。

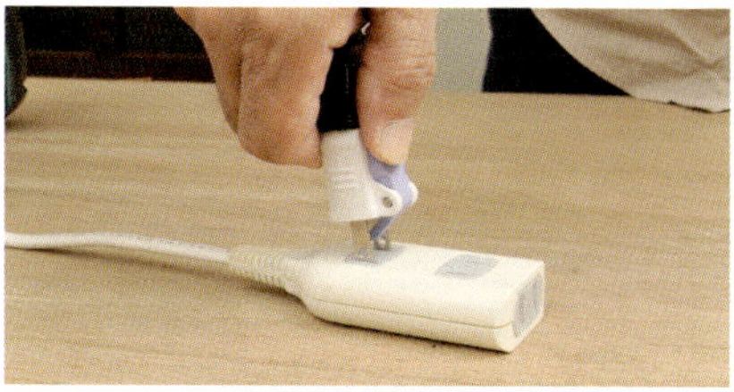
レバー付きプラグなら簡単にコードを抜ける

危険回避にも役立つ
フットスイッチ

マシンを両手で操作しているとき、足踏みペダルで電源オン・オフの切り替ができるフットスイッチがあると便利です。この中間コンセント付のフットスイッチには、ＡＣ 100 Ｖ用２Ｐプラグの挿し込み口があるので、ここに電動ドリルのプラグを挿し込み使用します。

電動ドリル操作時に、部材が暴れたり、ビットが折れたりと突発的なトラブルが発生しても、足で電源オフにできるスイッチがあれば、危険回避に素早く対応できます。

●オジデン製フットスイッチ
ＯＦＬ-Ｖ-Ｍ４５

安全な作業のために

しっかり材料を固定しよう

材料をしっかり固定することで、安全に作業を進めることができ、正確な加工にもつながります。手で押えると、不安定で材料が動きやすく、小さな材料の場合には狙いが定まらず、危険な作業となります。そこで、クランプやバイスなどを使って、材料をしっかり固定することが安全な作業につながります。

クランプやバイスで材料を固定する

材料を手で押え、もう片方の手には電動工具を持つのは、初心者でなくとも難しく危険性が高いため、避けてください。

クランプやバイスで材料をしっかり固定し、作業を行うことをお勧めします。木工バイス（万力）は、しっかり材料を固定することができ、安定した作業ができます。

材料を固定する方法はいろいろあり、簡単なクランプなら自作もできます。また、クランプは材料を接着して乾燥を待つときにも用いられます。

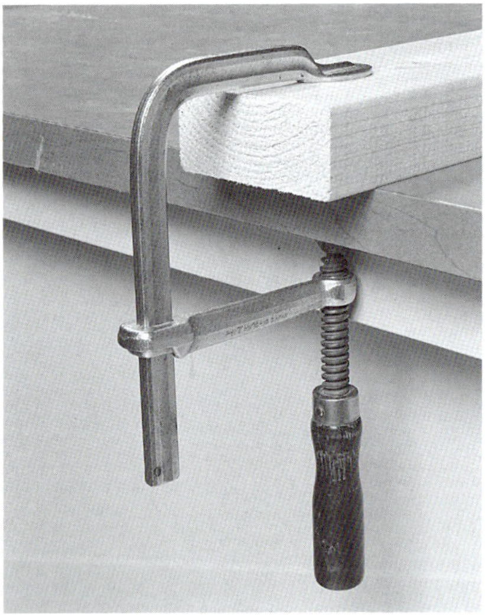

このクランプは、赤いグリップを回して締めたり弛めたりする

木工バイス（万力）は、しっかり材料を固定できる

クランプの形

クランプは、主に部材を挟むときに便利な道具で、大きなものを相手にするものから、ごく小さなものを固定するものまで、大きさも形もいろいろ選ぶことができます。

メインに使うのは写真のような「F」に似た形のクランプで、たくさん準備するに越したことはありませんが、自分の作品に合せて準備することになります。小さなものは、丈夫な洗濯バサミが意外に役に立つこともあります。

クランプで挟む、締めるってどんなこと?

クランプをセットする

①最初にクランプのグリップを回してネジの部分を下げておき、レールの頭を材料の上に載せて、アームを移動して台の下にキャップ部分を当てる。

②グリップを回して、レールの頭とキャップの間にある工作台と、材料を締め付ける。

■工作台の上で部材を挟む場合

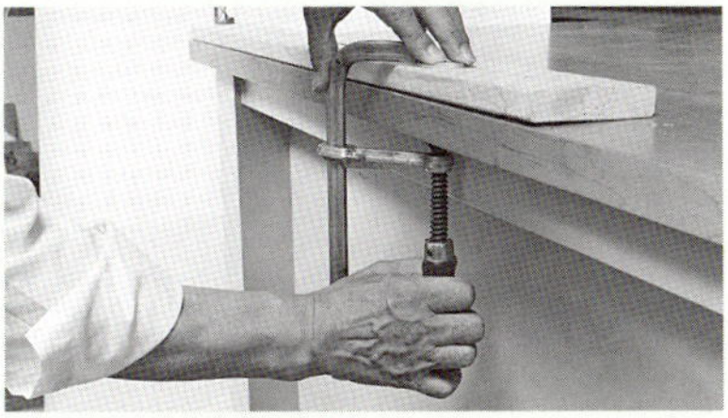

ちょっとした POINT

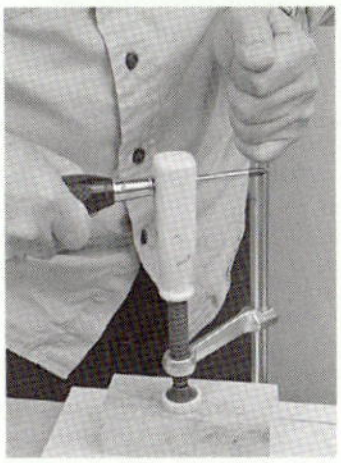

グリップエンドの穴を利用して、増し締めができる

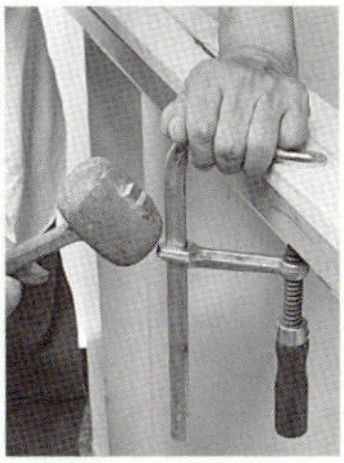

外れないときは木槌(きづち)や玄翁(げんのう)などで軽く叩くと簡単に外れる

購入したら取り扱い説明書をよく読んで、重要な情報を得ておきましょう。火災や感電、ケガなどの事故を未然に防ぐためにも、説明書に載っている「安全上のご注意」を必ず守り、取り扱い説明書は、いつでも手にとれる場所に置くようにします。

取り扱い説明書は すぐ取り出せるように保管

バッテリー端子とネジ類を一緒にすると、発火・破裂の危険性がある（例）

■特に注意したい事項

以下は説明書に記載されている重要な事項の抜粋です。

◆専用の充電器やバッテリーを使用すること。指定以外のバッテリーを使うと、破裂して傷害や損害を及ぼす恐れがある。

◆充電器は、定格表示してある電源で正しく充電して、直流電源、エンジン発電機、昇圧器などのトランス類では使わない。異常な発熱、火災の恐れがある。

◆周囲の環境が0℃未満、または40℃を超える場合は、バッテリーの充電をしない。正しく充電されないばかりか、破裂や火災の恐れがあり、バッテリーの寿命が短くなる。

◆バッテリーの端子間をショートさせないようにする。釘や金属を入れた袋などに一緒に入れると、ショートを招くことがあり、発煙・発火・破裂などの危険がある。

◆暖房器具、電子レンジ、冷蔵庫の外枠など、アースされているものに身体を接触させながら、電動工具を握らない。感電する恐れがあるので、注意を怠らないようにする。

◆火災の恐れがあるので、ダンボールなどの紙類、座布団などの布類、畳、カーペット、ビニールなどの上では充電しない。

◆コードを引っ張ってプラグコードを外さない。これは、電動工具類だけでなく、家電製品などでも共通のことで、どんな機器の場合でもコードを直接引っ張ったりするようなことはしない。

◆電動工具や充電器類を移動するときに、電源コードを金属の鋭い角に引っかけたり、こすれたりしないように注意する。

Part 2 電動ドリルに触れてみる

実際に電動ドリルに触れてみる

手元にある電動ドリルのチャック（ビットを固定する仕組み）を確認し、ビットを選んで装着して電源を入れ、実際に木材に穴をあけて操作法を確認してみます。

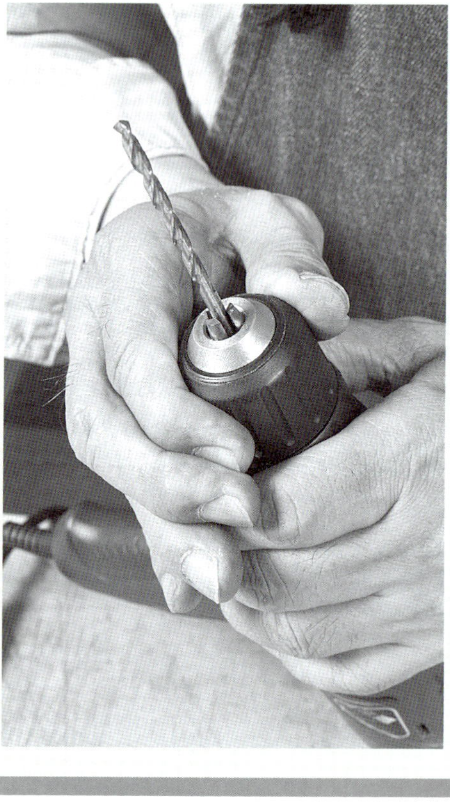

ビットの固定法は3タイプ

ビット類の装着方法は、ドリルチャック、キーレスチャック、インパクトドライバーの六角軸ビットホルダー、それぞれのタイプによって取り付け方に違いがあります。それぞれに共通しているのは、ビット類は高速回転しますので、正確な位置に確実に取り付けることが安全な作業の第一歩となります。

ビットは正確・確実に取り付ける

ビットの軸は2タイプある

ビットの軸には、丸軸と六角軸の2種類があります。丸軸はドリルチャック、キーレスチャックに取り付けることができます。しかし、ワンタッチ装着を可能としたインパクトドライバーのビットホルダーはビットの締め付けができず、丸軸のビットの取り付けはできません。

ビットが正確な位置に装着できたか
軽く回して必ず確認する

六角軸のビットであれば、インパクトドライバーはもちろん、ドリルチャック、キーレスチャックにも取り付けが可能です。

ビットが正確に装着できたか必ず確認する

ビットなどを取り付けたら、マシンの上や横方向から、水平・垂直に装着されているかを確認します。ビットをずれた状態で装着して、それに気づかずに締め付けて作業すると、正確な作業ができないだけではなく、ビットが外れて飛ぶなどの危険があるので、必ず確認するようにしましょう。

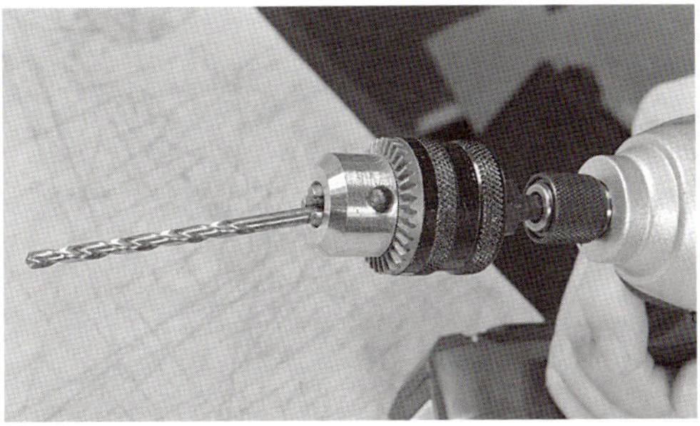

✕ 正確な位置に装着できていないビット

ドリルチャックのビット交換

ドリルチャックのビットの取り付けは、次のような手順で進めます。

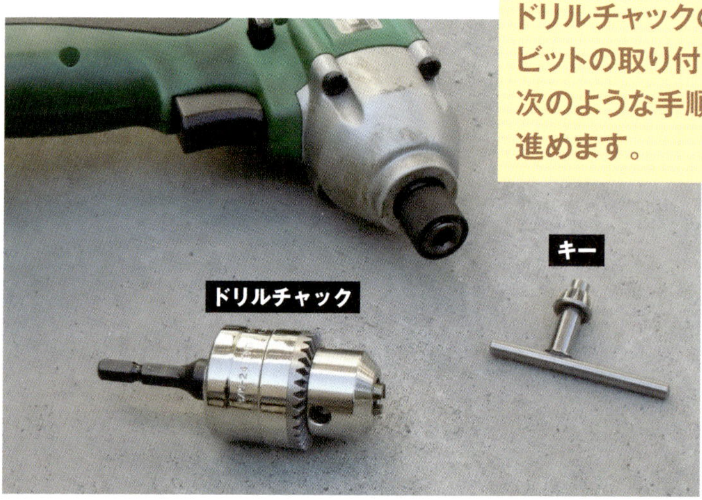

1.スリーブを回す

ビットを取り付けるときは、ドリルチャックのスリーブを回してチャックの爪を開く。

2.ビットを挿し込む

ビットを挿し込んで、スリーブを手で回して軽く締める。

3.キーで均等に締める

チャックにある3か所の穴に、順にキーを挿し込み、キーを回して締めるが、3か所の締め付けが均等になるように調整しながら行う。

POINT

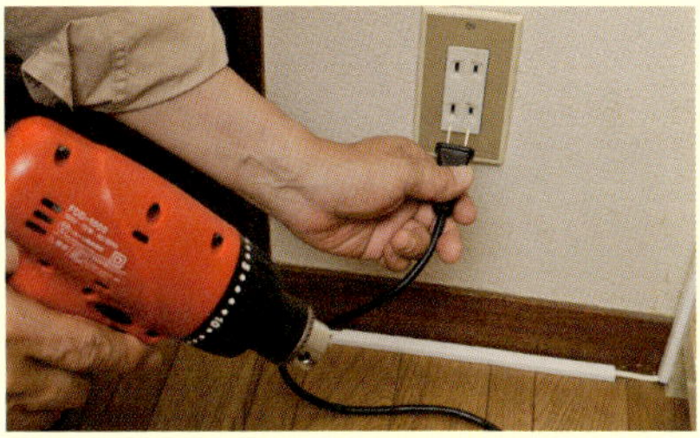

ビット交換時や
電源プラグを挿し込むときは、
トリガースイッチから指を離す

準備や移動にはトリガースイッチから指を離す

ビットの交換のときに、上の写真のようにトリガースイッチに指をかけたまま作業をしてしまうことが多いようですが、トリガーから指を離して作業する習慣にするとよいでしょう。

また、電源100 Vのマシンでは、プラグを抜いて作業することも習慣にします。ドリルを持ったまま電源プラグを挿し込むこともよくありますが、特にトリガースイッチから指を離すように注意します。

キーレスチャックのビット交換

キーレスチャックは、ドリルチャックと同様に3本の爪でビットを固定する構造になっている。

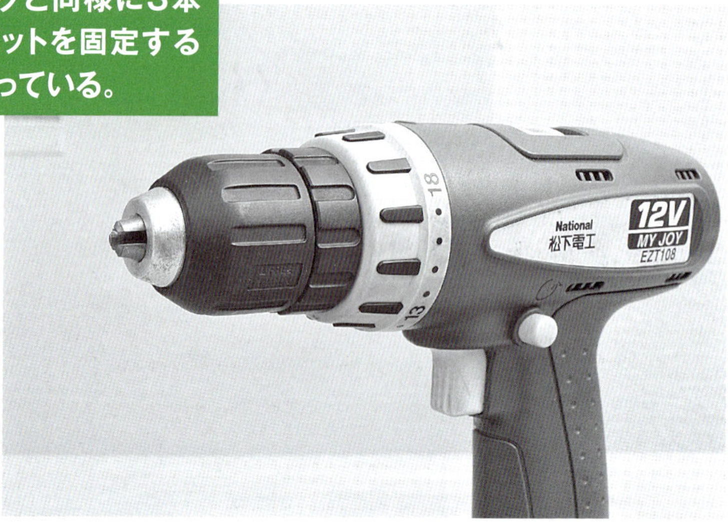

キーレスチャックの本体側には、クラッチの操作部がある。クラッチで設定したトルクに達すると音が変わり、クラッチがモーターの出力とビットの回転を切り離す役割がある（P 47、97 参照）。

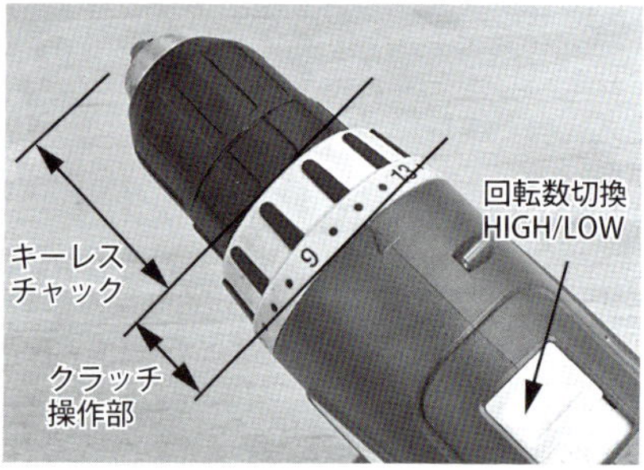

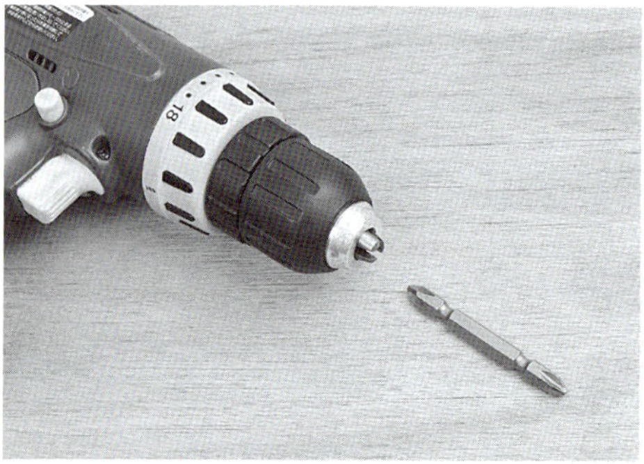

1. 使用するビットを用意する

ここでは、プラスビットを使用。

2.ビットを挿し込む

ビットを取り付けるには、手でスリーブを回し、爪の中心に入るようにビットを挿し込む。

3.スリーブを回して固定する

ビットが真直ぐに入ったら、スリーブを回して固定する。

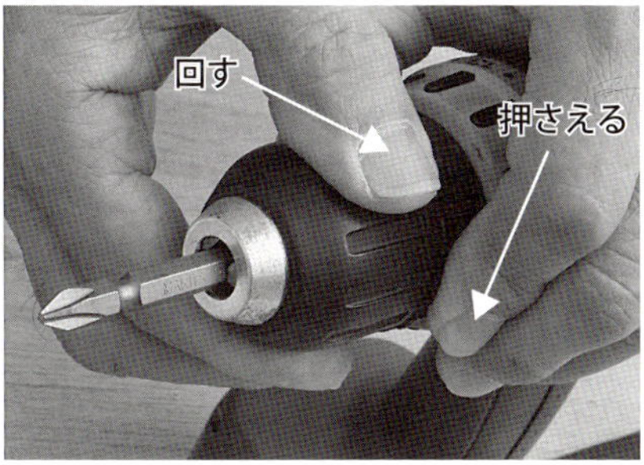

クラッチの役割

電動ドリルのクラッチは、トルククラッチのことで、ドライバーとして使うときに締め付けのトルクを変える機構のことです。ダイヤルで定めた負荷がかかると、モーターの出力とビットの回転を切り離して、ビットが回わらない機能を持たせています。

パワーのあるドライバーでネジ締めすると、ネジを締め過ぎたり、ネジ頭の溝を削って潰してしまうことがあります。逆に、パワーの弱いドライバーでは、ネジを締めることができません。そこで、パワーのあるドライバーで、個々のネジ締めに適したトルクを選択するときに有効となるのがクラッチです。

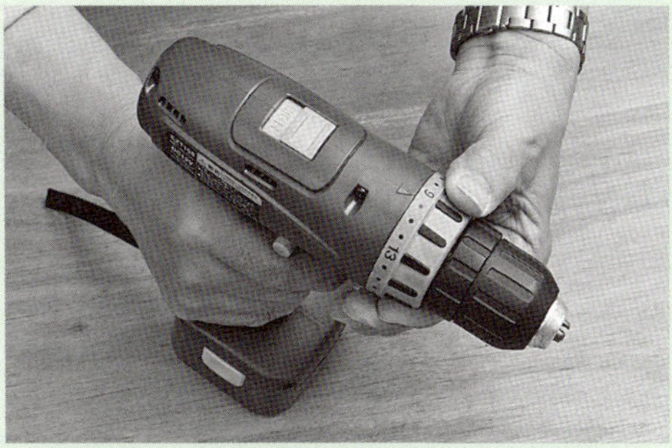

リングを回してトルク調整する

六角軸ホルダーのビット交換

インパクトドライバーのビット交換

六角軸ホルダーを備えたインパクトドライバーは、ビットをワンタッチで装着できるのが特徴です。

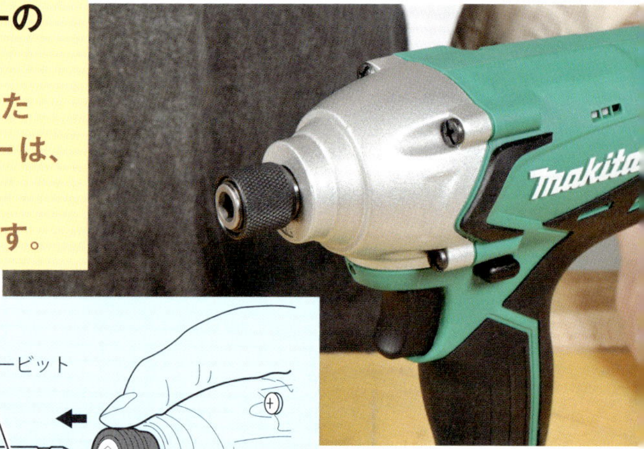

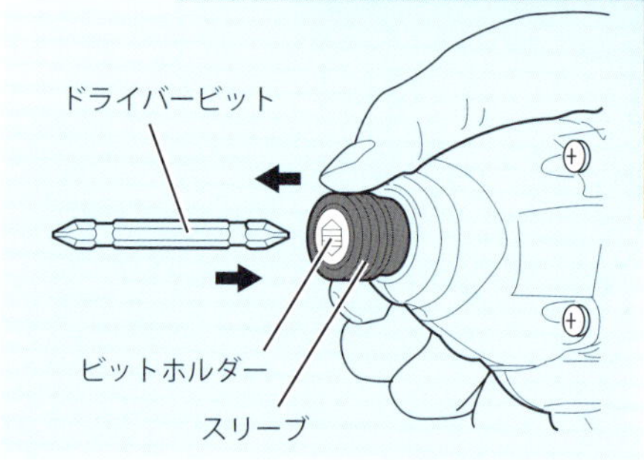

1.スリーブを手前に引っ張りビットを挿し込む

ビットを取り付けるには、スリーブを手前に引いた状態でビットの六角軸を挿し込む。

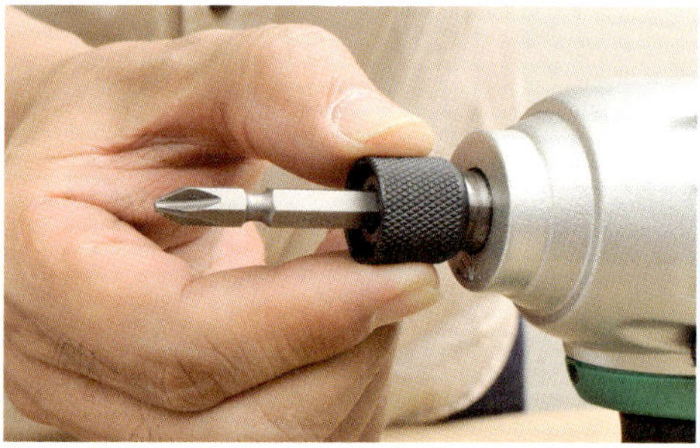

2.スリーブから指を離す

スリーブをつまんでいた指を離すと、バネの力でスリーブが元の位置に戻り、ビットをロックする。
ビットホルダーを上に向けると作業しやすい。

脳会議
面版
送付の
し込みは…

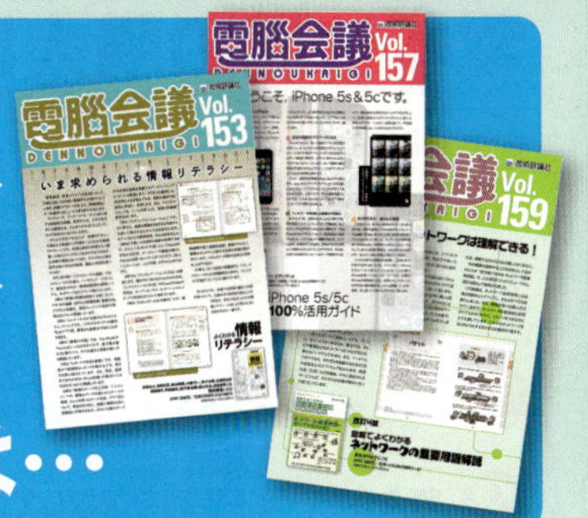

またはブラウザへのアドレス入力の
ご利用ください。
Yahoo! のウェブサイトにある検索ボックスで、

会議事務局	検　索

ください。
ternet Explorer などのブラウザで、

//gihyo.jp/site/inquiry/dennou

ください。

切
料!

「電脳会議」紙面版の送付は送料含め費用は一切無料です。
そのため、購読者と電脳会議事務局との間には、権利&義務関係は一切生じませんので、予めご了承ください。

技術評論社　電脳会議事務局
〒162-0846　東京都新宿区市谷左内町21-13

紙面版 電脳会議 DENNOUKAIGI 一切無料

今が旬の情報を満載してお送りします!

『電脳会議』は、年6回の不定期刊行情報誌です。A4判・16頁オールカラーで、弊社発行の新刊・近刊書籍・雑誌を紹介しています。この『電脳会議』の特徴は、単なる本の紹介だけでなく、著者と編集者が協力し、その本の重点や狙いをわかりやすく説明していることです。現在200号に迫っている、出版界で評判の情報誌です。

毎号、厳選 ブックガイドも ついてくる!!

『電脳会議』とは別に、1テーマごとにセレクトした優良図書を紹介するブックカタログ(A4判・4頁オールカラー)が2点同封されます。

電子書籍がご購読できます！

パソコンやタブレットで書籍を読もう！

電子書籍とは、パソコンやタブレットなどで読書をするために紙の書籍を電子化したものです。弊社直営の電子書籍販売サイト「Gihyo Digital Publishing」（https://gihyo.jp/dp）では、弊社が発行している出版物の多くを電子書籍として購入できます。

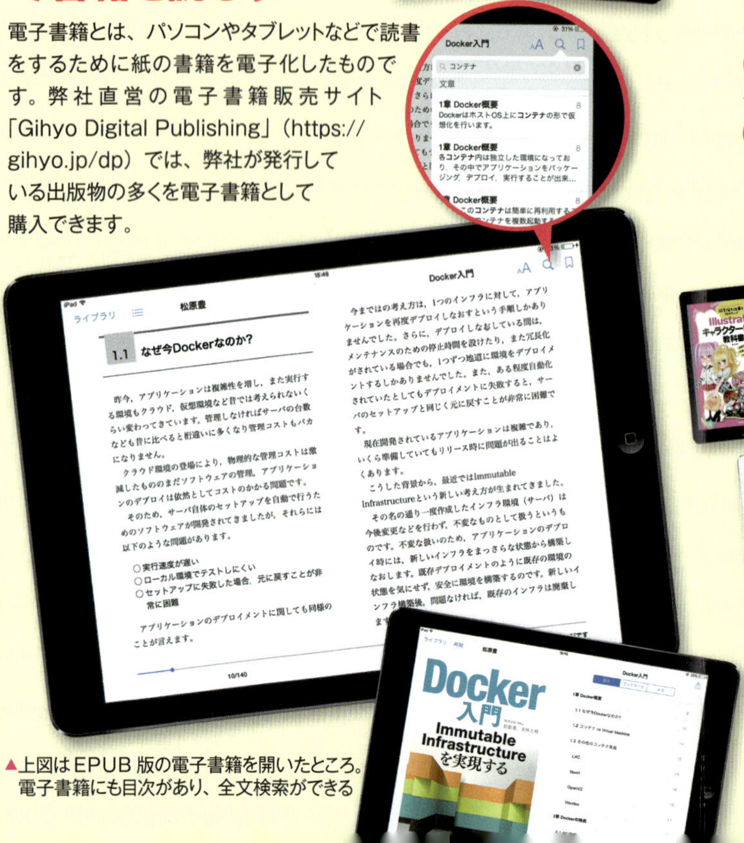

▲上図はEPUB版の電子書籍を開いたところ。電子書籍にも目次があり、全文検索ができる

電子書籍の購入は

Gihyo Digital Publishing（https://g
する方法は次のとおりです。販売して
EPUB形式があります。電子書籍の閲覧
ぐに読書が楽しめます。

1. 自分のアカウントでサイトにログイン
（初めて利用する場合は、アカウントを
2. 購入したい電子書籍を選択してカー
3. カートの中身を確認して、電子決済

●ご利用にあたって ――詳しくはウェブサイトをご
＊電子書籍を読むためには、読者の皆様ご自身で電子
ただく必要があります。
＊ご購入いただいた電子書籍には利用や複製を制限で
ませんが、購入者を識別できる情報を付加していま
＊Gihyo Digital Publishingの利用や、購入後に電
ターネット回線代は読者の皆様のご負担になります。

電脳
紙
新規
お申
ウェブ検索
どちらかを
Google や
電脳
と検索して
または、In
https:
と入力して

3.ビットの固定を確認する

確実に固定されたか、ビットを引っ張って確認する。

4.ビットを抜き取る

ビットを取り外す場合は、同じようにスリーブを引いた状態でビットを抜き取る。

※マシンを下に向けるとビットの重さで簡単に抜ける。

POINT

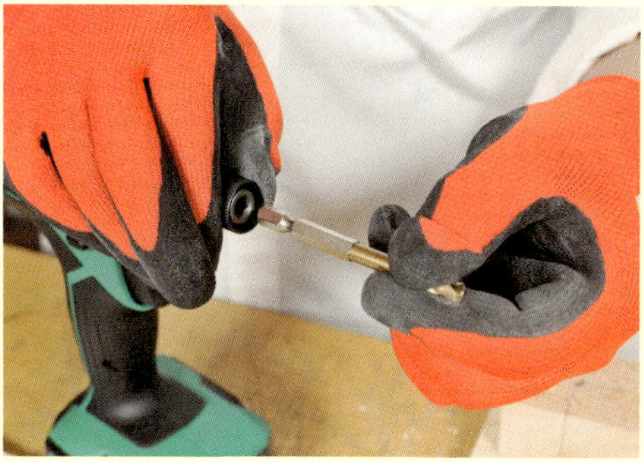

鉄工用ビットを使うときは手袋や厚手の布を準備するとよい

鉄工用ドリルビットは、指が滑ると螺旋の縁で切れることがあるので、手袋や厚手の布を準備してビットを扱うとよい。

電動ドリルを動かしてみよう

準備が整ったら、充分安全に気をつけながら、実際に電動ドリルを動かしてみましょう。バッテリータイプのインパクトドライバーを例に、その手順を紹介します。

スイッチを入れる

1.スイッチロック状態を確認する

指差した黒い部分が正・逆回転切換えレバーで、レバーが中央にあるとトリガースイッチがロックされ、スイッチは入らない。

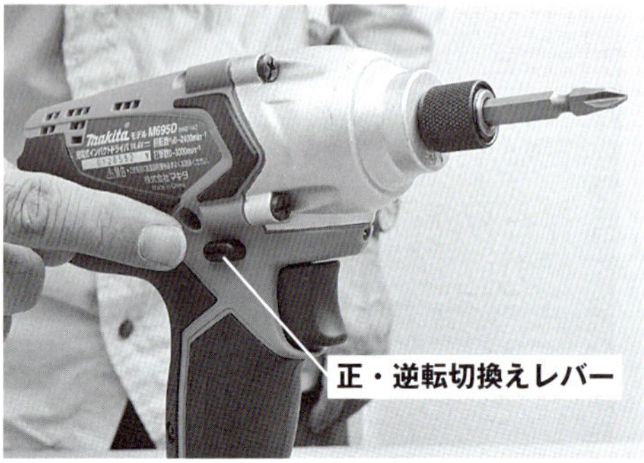

2.正回転側に切換えレバーを押す

グリップを握ったまま、人差し指で回転切換えレバーを押すと正回転となり、同時にスイッチロックが外れる。

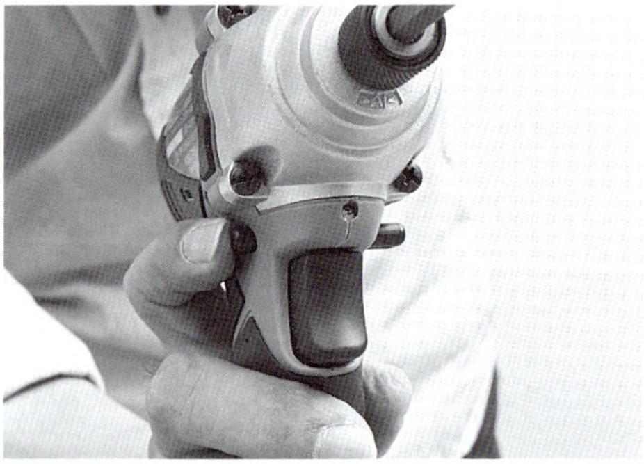

3.逆回転レバーを押す

グリップを握ったまま、親指で回転切換えレバーを押すと逆回転になりネジを弛める方向に回転する。

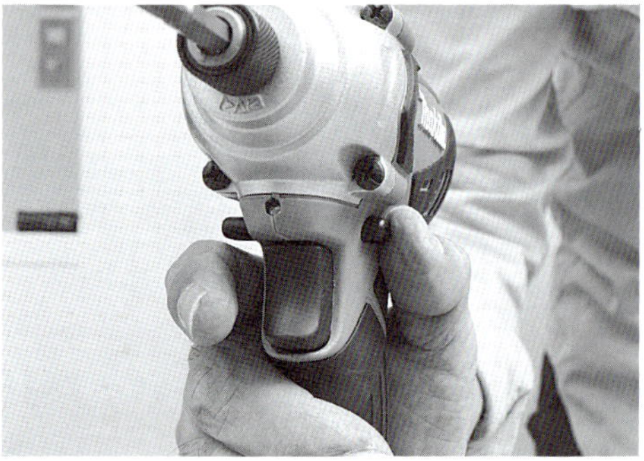

4.トリガースイッチを軽く押してビットの回転を確認する

回転の具合で、バッテリーの充電状態をある程度確認できる。

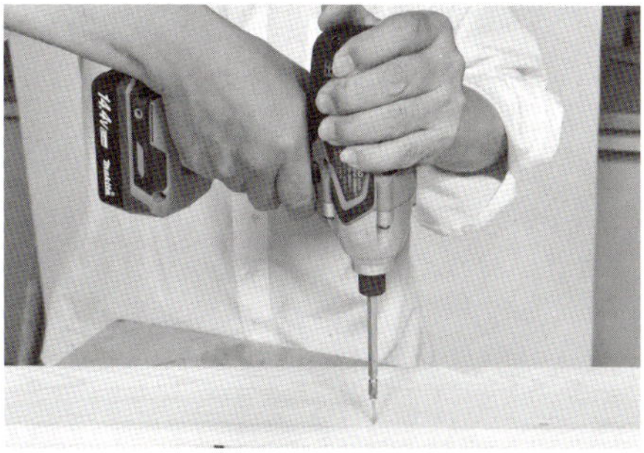

ネジ締めしてみる

マシンがぶれないように両手でホールドする

ネジとビットを結ぶ延長線上に目の位置がくるようにホールドすることで、垂直のネジ締めが可能となる。

ドリルビットに交換して

材料に穴あけしてみる

穴あけ中に回転で揺れるときは両手でマシンをホールドする

作業は片手で行うことが多いが、電動ドリルが回転で揺れる場合は、反対側の手を添えて安定させる。

電動ドリルの操作法

電動ドリルは大きな回転力を利用した工具で、不安定な姿勢や作業環境での操作は危険を招きますので、基本的な操作法が身につくように習慣づけましょう。

ドリル操作の基本姿勢

1.水平に操作するケース

2.垂直に操作するケース

基本的なドリルの操作法

■ビットを向けている方向に進むよう、力の入れ具合を加減する

ビットの後方延長線上に体を位置してドリル本体を進めますが、ビットの進む角度を決めて両手で狂わないように進めます。

■ビットへ伝える力は徐々に加える

スイッチの押し方も、徐々に回転を上げるように調節しながら進めていきます。

■スイッチの押し方は２つ

スイッチをゆっくり徐々に押す方法と、小刻みにオン・オフを繰り返えして回転を続ける方法があります。オン・オフの繰り返えしは、ネジ締めのときにネジ溝を潰すことを防ぐ方法のひとつです。

■無理な姿勢での作業はしない

体が安定しない姿勢の作業は危険です。足元に余った材や削りクズが散乱しているなかでの作業も危険です。作業途中でも掃除をしましょう。

■作業中はビット近くに顔を近づけない

ビットの破損や削りクズの飛散に備えるためです。

Part 3 穴あけの基本

電動ドリルで きれいな穴をあける

ていねいに、きれいな穴あけが、心地よい作品を残します。穴あけは基本となる作業工程なので、最適なドリルビットを選び、その能力を安全に使いこなすことが大切になります。

材料が木の場合でも鉄や非鉄金属でも、「切れる」状態のドリルビットを使うと、きれいな穴をあけることができます。穴をあけたエッジがめくれ、バリが出るようなときは、面取りビットを使ってきれいな仕上がりにします。

丸棒を組み込むための穴あけ

ドリルビットの種類と選択

きれいな穴あけが、心地よい作品を生み出します。穴あけには、ドリルビットを使用しますが、自分の電動ドリルに適合した形のビットで、木・金属など材料に最適な先端工具を選び、その能力を生かしながら、安全に使いこなすことが大切です。

穴あけビットの形

材料を木材と金属の２つに大きく分けた場合、それぞれの材料に穴あけするドリルビットの形には特徴があります。木材に穴あけする木工ビットの先端を見ると、鋭角に尖った形をしており、金属用はあまり尖っていません。

また、木工用ビットの螺旋の間隔は粗く作られ、削りクズを排出しやすい構造になっています。一方の金属用ビットは、螺旋の間隔が少し狭い形になっています。

アクリルなどの堅いプラスチックの穴あけには鉄工用を使いますが、穴の端を欠いてしまわないように注意します。軟らかいプラスチック板には、専用のビットも用意されています。

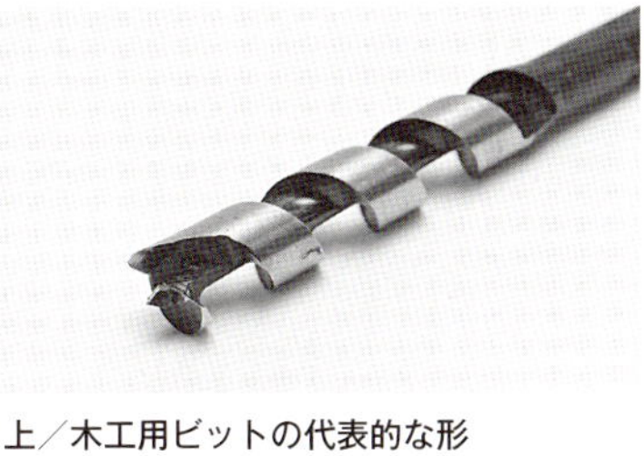

上／木工用ビットの代表的な形
左／木工用ビットで穴あけ作業

上／鉄工用ビットの代表的な形
左／鉄工用ビットで穴あけ作業

ビット軸には、丸軸と六角軸があり、自分のマシンに適したタイプを選ぶようにします。

丸軸のドリルビット

3本爪のチャックには丸軸ビット

丸軸タイプは、ドリルチャックとキーレスチャックに使えますが、インパクトドライバーには使えません。

ドリルチャックに固定するときには、3か所の穴にキーを順に挿し込んで締め付けるので、しっかりきつく取り付けることができます。しかも回転軸のセンターにセットすることが要求されるボール盤への取り付けに適し、正確で精密な加工に必要なタイプのドリルビットです。

丸軸のドリルビット

六角軸のドリルビット

六角軸は汎用性が高い

ビットを挟む各種のチャックに広く適応するタイプのビットです。軸が六角形のため、チャックの3本爪のドリルチャックにも、キーレスチャックでもセットでき、インパクトドライバーの六角軸ホルダーにもセットできます。

六角軸のドリルビット

インパクトドライバーは、六角軸ビットならワンタッチで装着できるので、頻繁にビット交換が必要な作業には、スピードアップが可能です。例えば、下穴ビットを使った後、すぐドライバービットに交換してネジで材料の固定ができるという具合です。

キーレスチャックは、六角軸に適した構造なので、ビット交換も素早くでき、便利なチャックとビットの組み合わせといえます。

木工用穴あけドリルビット

木工用の穴あけビットには、大きく分けて２タイプがあります。厚い板材や大きな穴あけには先ネジタイプと、穴あけ作業を途中で止めることのできる先三角タイプがあります。どのような穴あけ作業をするかによって、選択します。

先ネジタイプの木工用ドリルビット

ビットが回転することによって、先端中央の「先ネジ」が材料に入り込み、爪に似た「ケガキ刃」で穴の周囲を切りながら、「スクイ刃」で穴の内側を削り取ります。ビットの回転で穴あけを進めるので、厚い板材や比較的直径の大きい穴あけに、特に威力を発揮します。

先ネジタイプは低速回転で加工しやすく、貫通穴を掘ることに向いています。

先ネジタイプのビットをボール盤で使うと、材料を吸い上げるように持ち上げることがあるので定盤に載せた材料をクランプなどでしっかり固定して作業を進めます。

●先ネジタイプは引き込みネジタイプと呼ぶこともあります。

木工用先ネジタイプのビットの先端部分

木工用ビットの外形図

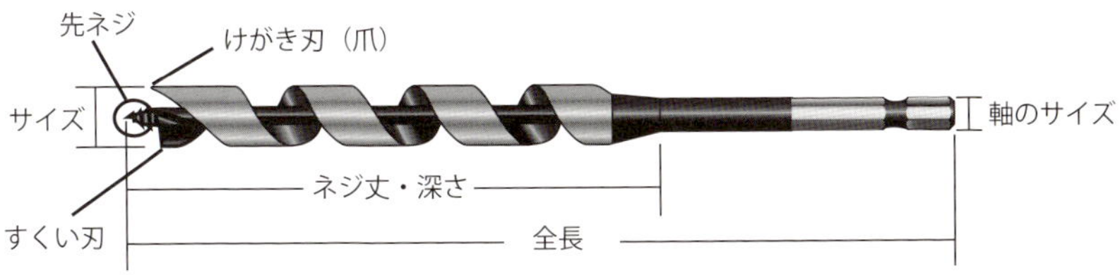

木工用先三角タイプのドリルビット

先三角タイプは、ビットの先端を三角形のキリにしたドリルビットで、先ネジタイプのように回転することで材料に引き込まれることはなく、材料を持ち上げることはありません。

穴あけを途中でやめるときに使いやすく、ドリルスタンドやボール盤で使うときにも適しています。

先ネジタイプに似た作用で、「ケガキ刃」で穴の周囲を切りながら、「スクイ刃」で穴の内側を削り取り、手道具のキリに似て芯がずれることなく穴あけができます。

木工用先三角ドリルビット丸軸の例

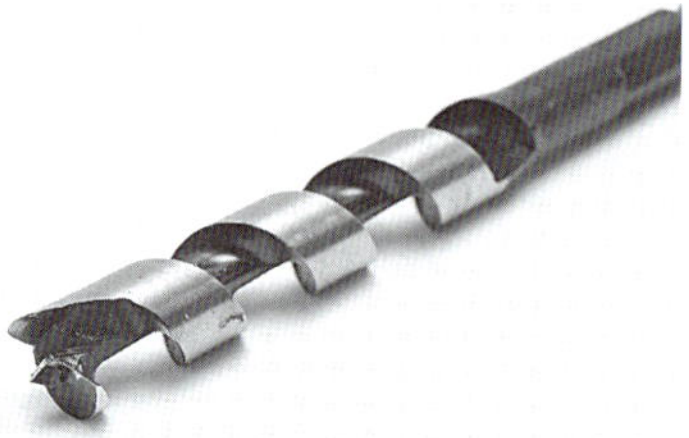

木工用先三角ドリルビットの先端部分

木工用Ｆ型ドリルビット

貫通穴の入口も出口もバリが出にくいタイプのドリルビットです。

あけた穴を少し大きくするのは難しい作業ですが、このタイプのビットは、中心からのずれを少なくして、穴を広げることができます。

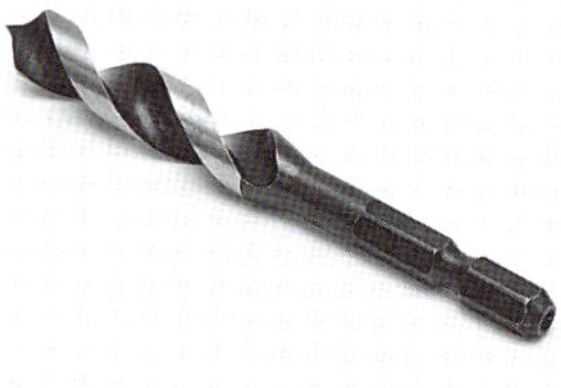

木工用Ｆ型ビット

木工用Ｆ型ビットの先端部分

金属の穴あけには鉄工用ドリルビット

鉄工用として販売さているドリルビットは、金属全般やアクリル板などの穴あけに適していて、幅広い範囲で使えるビットです。「鉄工用ビット」や「金属用ビット」と呼ばれています。

鉄工用ビットの一部には、軟鋼、鋳鉄、アルミニウム、銅、真ちゅう、硬質プラスチック、アクリル、木材の加工に適している、と表示されているので、応用範囲が広く、多岐にわたって使える便利なビットです。

金属の板材に穴あけするときには、下に当て板（捨て板）を用意して作業します。

いろいろな種類の材料の加工を考えているなら、鉄工用を準備して太さも何種類か揃えておくと便利です。

ビットには丸棒タイプの軸と六角軸があり、ドリルチャックとキーレスチャックであれば、両方とも使えます。

いろいろな種類の材料の加工を考えているなら、鉄工用を準備して太さも揃えておくと便利です。

鉄工用ビット丸軸タイプ

鉄工用ビット六角軸タイプ

アクリル板の穴あけに鉄工用ビットを使う

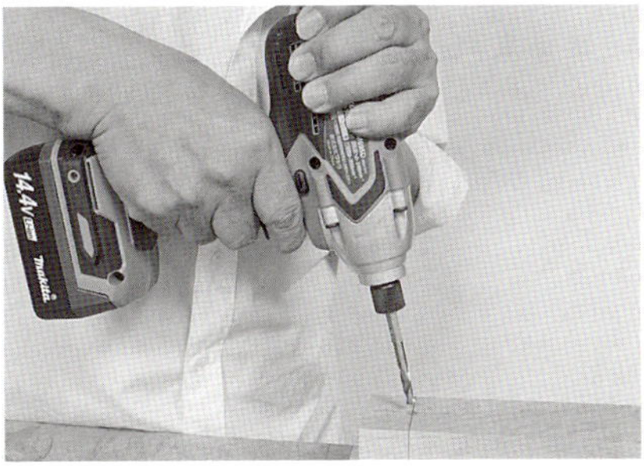

堅い木材に鉄工用のビットを使ってみる

いろいろな材料の穴あけ作業

クラフト分野では、木材、金属、プラスチックなど、材料の種類や厚みも多岐にわたります。どんな材料に穴をあけるときでも、作業しやすい位置にしっかり材料を固定することが大切です。

木材に穴をあける

木に穴あけするときには、木工用のドリルビットを使い、材料をしっかり固定するように注意します。

貫通する穴あけには、先ネジタイプのビット、穴あけを途中でやめるときには、先三角タイプのビットを使います。また、Ｆ型ビットは先三角タイプのビットと同じように使いますが、貫通した穴の出口のバリが出にくいタイプだといわれています。穴あけ作業の目的に応じて、ビットを選択します。

1. 当て板を敷く

穴をあける材料の下には、不要な板を敷いて作業する。それを当て板や捨て板と呼び、穴の出口をきれいに、また工作台を傷つけないようにする役割がある。当て板は材料と共にクランプなどでしっかり固定する。

2. ビットが垂直になるように構える

穴あけ位置にドリルビットが垂直になるように構えて、スイッチを入れる。

3. 穴を掘り進む方向にドリルを押す

作業中に本体がぶれないように、片手を添えて押し進める。
ドリルビットが使用材を貫通し、当て板の厚さの途中まで進んだら、スイッチをオフにする。

4. ドリルの回転が止まる直前にビットを引き抜く

5. 穴あけ完了

クランプを外し、目的通りに穴が貫通し、裏側の出口にバリがないことを確認する。

金属やアクリル板に穴をあける

電動ドリルを使えば、身近な材料である銅板、真ちゅう板、アルミ板、鉄板などの金属板、硬質プラスチックにも比較的簡単に穴があきます。ドリルビットは鉄工用を用います。

銅板（右）とアクリル板（左）

穴あけする材料の下には厚手の当て板を敷いて、材料と当て板の両方をクランプで工作台にしっかり固定します。作業中の穴あけビットが、当て板を貫通して、工作台に穴をあけてしまわないように注意します。

金属などの硬質の材料の穴あけのとき、ドリルビットが材料に挟まって、材料を回転させてしまうことがあり、大変危険です。指で押えていた材料が回転すると指を叩き、ケガの原因となることもあるので、クランプで固定することが重要です。

金属や硬質プラスチックの穴あけでは、必ずバリが出るものと考え、バリ取りが必要な作業になります。そのため、常に切れる面取りビットを揃えておくようにして、バリを取るときに使います。もちろんドリルビットも切れるもので作業します。

銅板の穴あけ

1. 穴あけ位置を墨付けする

スコヤ（P65参照）とサインペンを用いて、十文字のラインを引き、その交点を穴あけポイントとする。

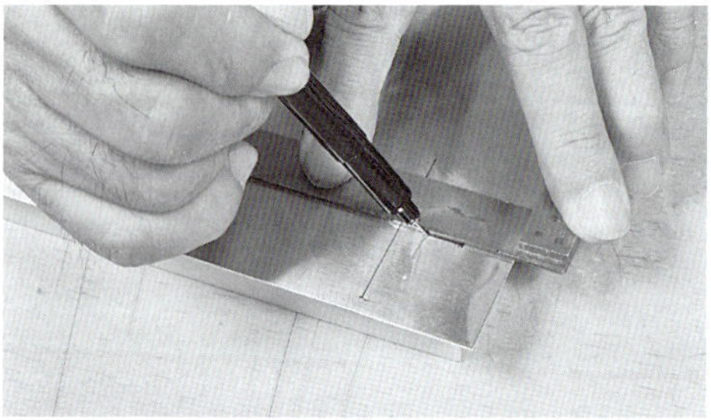

2. ポンチで印をつける

穴あけポイントの上にポンチ（P66参照）の先端を合わせ、ポンチの頭を軽く叩いて、銅板に軽い窪みをつける。

3. ビットの先端を印に合わせてドリルをゆっくり回転させる

4. 銅板に穴が開いた状態

銅板を貫通して、ドリルビットが当て板にくい込んだらビットを引き抜いて、スイッチをオフにする。

5. 裏側にできたバリ

銅板の裏側の穴の周囲にバリが出ている状態。

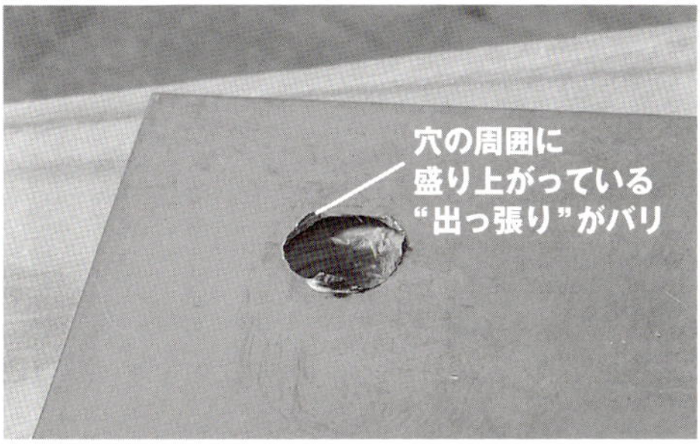
穴の周囲に
盛り上がっている
“出っ張り”がバリ

6. 面取りビットでバリを落とす

面取りビットに交換し、穴の周辺のバリを削り落として完了。

面取りビット

アクリル板の穴あけ

1. 下穴キリの代用として細いビットを用意する

手で下穴をあけるため、六角軸ビットであれば滑らずに作業できる。

2. ポイントにビットで浅い穴をあける

細いビットを手に持ち、寸法線がクロスしたポイントに穴を浅くあけておく。

3. ドリルビットをゆっくり回転させる

ポイントにあけた浅い穴にドリルビットを当て、ゆっくりドリルを回転させる。アクリル板は、特に割れやすいため、ゆっくりと回転させる。

4. アクリル板もバリが出る

穴あけ後のアクリル板の裏側にはバリが出ている。

5. 面取りビットでバリを落とす

面取りビットに交換し、穴の周辺のバリを削り落として完了。

正確な位置に穴あけする

思いどおりの作品に仕上げるためには、設計図どおりに材料に墨付けし、正確なラインを引いてポイントを定め、ポイントからずれないように穴あけすることが必要となります。

正確な位置に墨付けする

墨付けの道具

材料に正確な線を引くためには、定規類が必要となりますので、墨付けの道具類を準備しておきます。

材料に当てた辺から
直角な線を引くスコヤ(直角定規)

直線を引く、寸法を測る直定規

曲尺

墨付けのコツ

材料に墨付けするには、木材に鉛筆を使い、金属にはサインペンも使います。そして、直線を引くことができる直定規や、直角を測るスコヤや曲尺(かねじゃく)を準備します。

木材への鉛筆による墨付けは、消しゴムで消せる程度にあまり力を入れず、２Ｂなどの軟らかい鉛筆で凹みが残らないようにします。

鉛筆で引いたラインの交点が穴あけポイントになる

センターポンチと下穴キリでマークする

木材の穴あけポイントをマークする

木材に穴をあける位置がずれてしまうことがありますが、ずれる原因は次のようなケースが考えられます。

①ビットの先端を当てるときにずれてしまう。

②ビットの先端が少し滑ってずれてしまう。

③年輪の堅い部分でビットが滑ってずれてしまう。

こうしたずれを防止するために、センターポンチや下穴キリでマーキングします。センターポンチを用いると、材料に小さな点で凹みを付けることができ、その凹みに入ったドリルの先が滑ることを防ぎます。

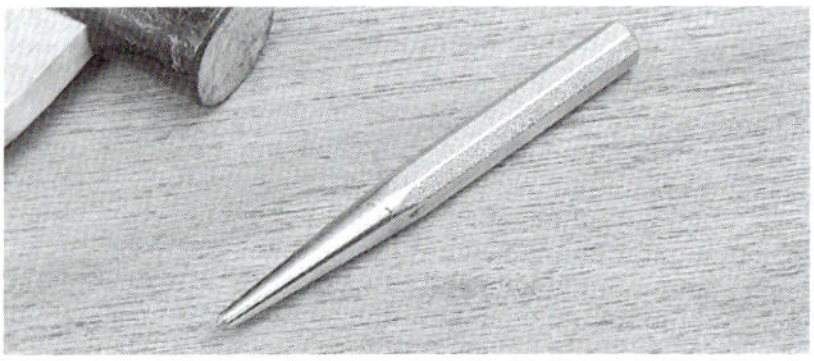

●ポンチ

キリで下穴をあける

穴あけポイントに下穴キリビットで凹みを付ける

ポイントの上にダボキリビットを当てダボ穴をあけている例

金属やアクリル板にマークする

プラスチック板にセンターポンチを強く当てると、材料が割れることがあるので、その場合は下穴キリを指で回して浅くても小さな窪みでマークキングします。こうした小さな下穴があれば、ドリルビットはポイントから滑らずに、予定の位置に正確な穴あけができます。

金属板に穴をあけるときも、ドリルビットは滑りやすく、センターポンチでマークしておかないと、寸法どおりの位置に穴あけすることが困難になります。

きれいに穴あけする方法

ひと手間加えるだけで、きれいな穴あけができ、ワンランク上の作品に仕上がります。少しの手間を惜しまずに、チャレンジすることをお勧めします。

バリを面取りビットでさらう

木工ビットであける貫通穴の大部分では、ビット出口の縁にバリが出ることが多い。

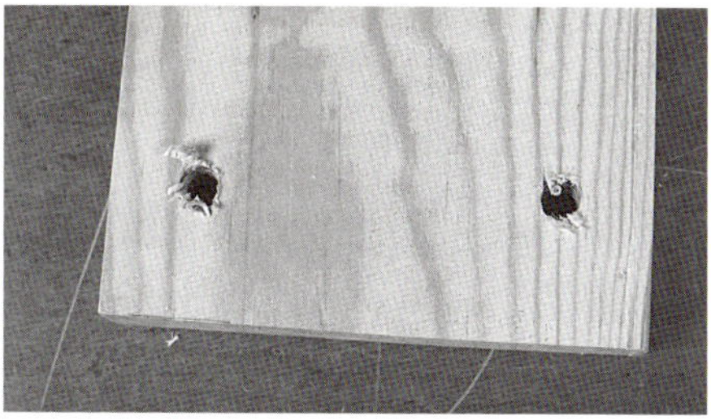

バリが出てしまったら、写真のような面取りビットを使用して、穴の縁をさらうことで、きれいな穴に仕上げる。

当て板を使ってバリを防ぐ

バリを防ぐ方法としては、材料の下に当て板を敷いて穴あけ作業をする。このとき、材料と当て板を合わせて、隙間がないようにすることが大事で、クランプでしっかり固定するか、体重をかけるように押えながら作業する。

材料の下に当て板を敷いて
クランプでしっかり固定する

ドリルビットが材料を貫通したところで、電動ドリルを止めれば、裏側の出口もきれいな穴の縁に仕上がる。

POINT

…薄板や柔らかな板材にきれいな穴をあける…

秘訣は的確なビット選び、そして回転速度と押す力を適度にマッチさせること

先ネジタイプの木工ビットは、回転と共に穴あけを進めますが、薄板の場合は短時間で穴あけが進んでしまい、なかなかきれいに仕上がりません。

ビットは先三角タイプが適し、回転速度も遅くした方がきれいに仕上がります。先三角タイプなら、ケガキ刃がビットの円周で切り込むので、入口はきれいにカットされ、当て板が重要な役割を果たして出口もきれいに仕上がります。

柔らかい木工材料も同様に、ビットの回転が速いと切り口が荒れて、きれいに仕上がりません。

回転の速さとビットを押す力を適度にマッチさせることが、仕上がりに大きく関係するので、電動のドライバードリルも細かく回転調節ができるものを選びます。

Part 4 ネジ締めの基本

電動ドライバーで簡単に固定する

木工品を作るとき、接着剤だけで固定するか、ネジで固定するのか、その時々の状況によって選ぶことになりなります。

最近は、電動ドライバーが使いやすくなり、使用できるネジの種類も増えて、いろいろなシーンに対応できることから、固定方法として、ネジやボルトとナットを選ぶケースが増えています。特に、組み立て家具の普及で、電動ドライバーを使えば、女性でも簡単に組み立てができます。

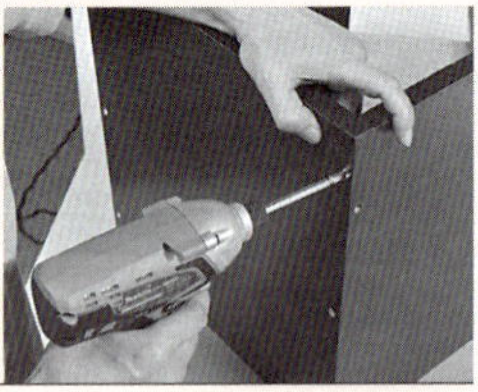

組立❶

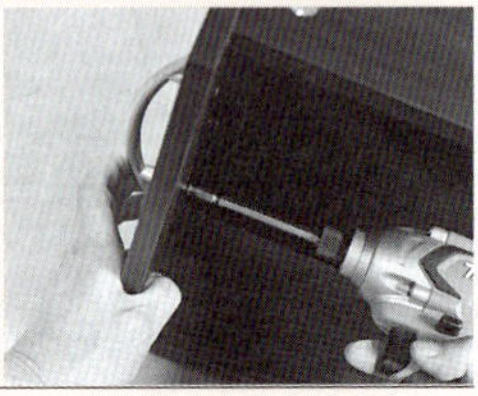

組立❷

組立完成

ネジ締めに適した機種とビット

ＤＩＹ工作やクラフト製作に使うほとんどのネジの頭は、プラス溝になっています。そのため、ネジ締めビットの先端はプラスドライバーと同じ形をしています。ネジ締めで最も活躍するのは、プラスネジに使うドライバービットです。組み立て家具、ツーバイ材の組立て、クラフト工作、金属のネジ止めには欠かせないビットです。

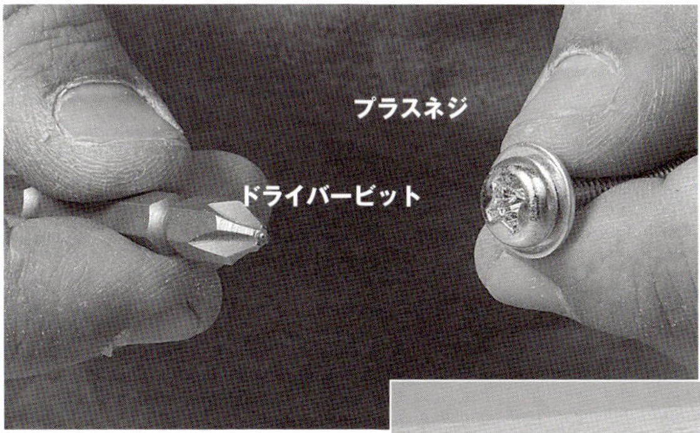

プラスネジの溝に
ドライバービットを
挿して回す

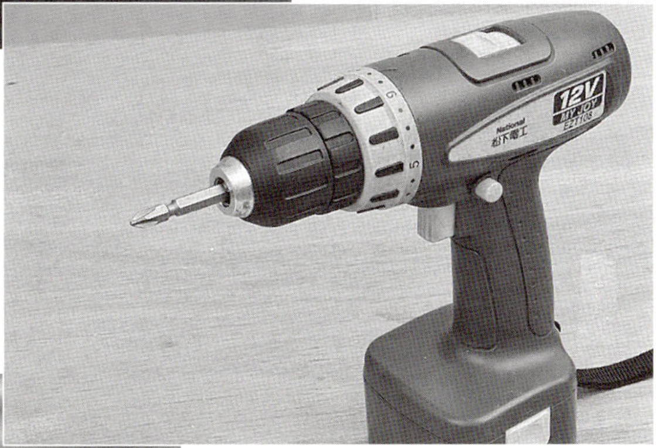

ドライバードリルに
取り付けた
ドライバービット

インパクトドライバーに
取り付けた
ドライバービット

ドライバービットの種類と選択

ドライバービットの六角軸

ビットの軸は、6.35mmの六角形で、ボールキャッチのくぼみ部分が付いています。長さもいろいろな種類があるので用途に応じて選びます。安定したネジ締めと、狭い場所での作業には短いビットが適しています。それに加えて、全長10ｃｍくらいのビットを工具箱に入れておくと便利です。

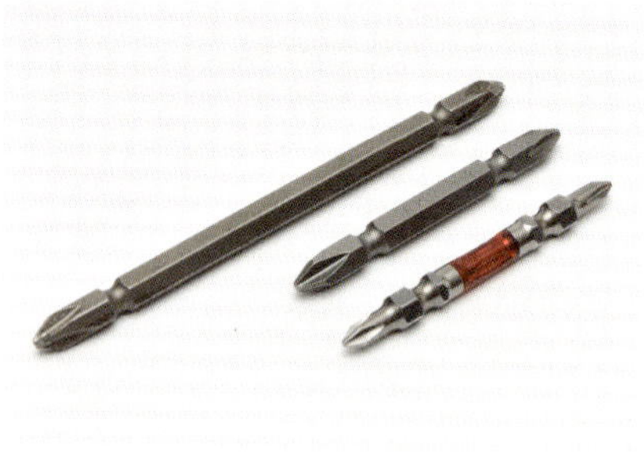

長さが異なるドライバービットは
作業内容によって選択する

ドライバービットを選ぶ

コーススレッドや皿ネジ（ビス）の頭にはプラス型の溝があり、ここにドライバービットを挿し込んで、ネジを回します。すり割りとも呼ぶ溝はネジの太さによって大きさや深さを変えてあり、ビットの先端と溝が合わないとプラスの形が崩れてしまいます。

ビット先端の大きさは、右の表に示すように記号で表しています。一般的にはパッケージに表示されていますが、No.2がほとんどのネジに適合します。

スレンダービスの細いものと、ミニビスと呼ぶ細いネジにはNo.1を用意しますが、No.3を使うことはほとんどありません。

ネジの溝にビットの先端を当て、指で回すと適合するかがわかるので実際に試してみます。

●ビット先端の大きさとネジ溝の適合表

記　号	木ネジ溝の適合太さ mm
No.1	2.1～2.7
No.2	3.1～4.8
No.3	5.1～6.8

ビット先端のサイズは
パッケージに記載されている

ボルトにはソケットレンチを使う

ソケットレンチでボルトを回す

六角ボルト・ナットを締め付けたり弛めたりする場合は、電動ドリル用のソケットレンチ（ソケット）を使います。

ソケットレンチは、ボックス状になっているため、スパナやモンキーレンチと異なり、手が入りにくい狭い場所や、奥深いスペースでもボルトを回すことができます。ボルトの固定には、ナットを用います。

スチール棚家具などの組立て、パーツの一部分解や移動などには、電動ドライバードリルとソケットレンチの組み合わせで、素早く作業ができます。

六角ボルト頭のサイズに応じたソケットレンチ

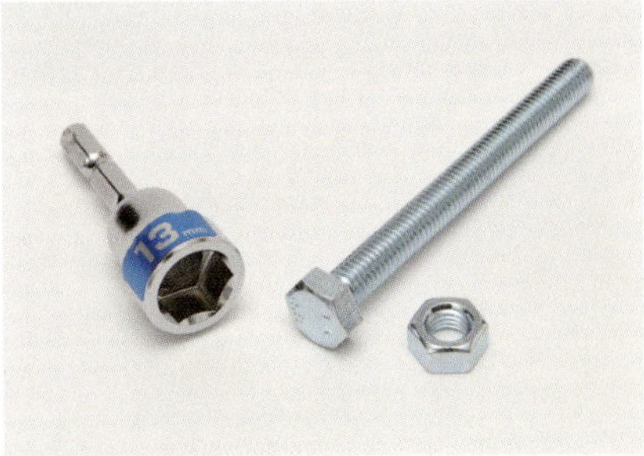

六角ボルトにはソケットレンチ（左）を使う

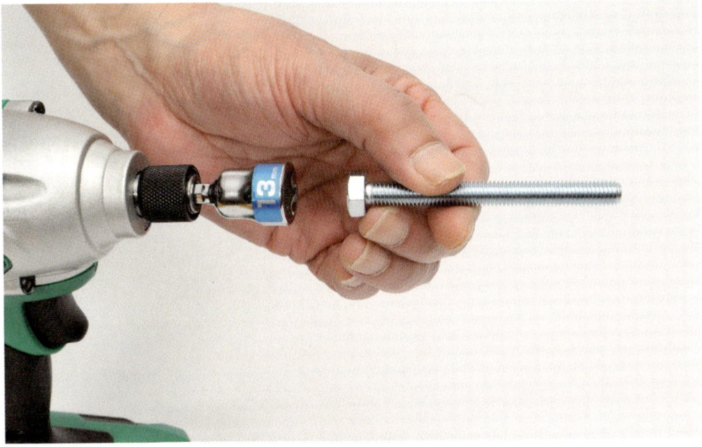

ソケットレンチを電動ドリルに装着し六角ボルトを回す

ネジ締めに適した機構とチャック

ネジ締めに適した機種

ネジ締めには、ドライバードリルやインパクトドライバーが用いられ、電気ドリルは使用できません。特に、回転数を制御できるクラッチ機能を持つドライバードリルは、繊細なネジ締め作業に適しています。

ネジ締め作業では、同時にネジを弛める作業も必要となることがあるため、回転方向を切換えるスイッチも必要です。正転・逆転の切換えでネジを締め付け、弛めて外すという作業に用います。

また、ネジ締めに便利な機構はクラッチ（2 章 P47、5 章 P97 参照）で、ドライバードリルに採用されています。回転数を制御するクラッチ機構は、ゼロから、そのマシンの持つ最高回転数まで変えることができ、ネジ締めの繊細な作業を可能としています。スイッチとスムーズに連動することが大事です。

一方、クラッチ機能を持たないインパクトドライバーは、長いネジを数多く締める作業に適しています。

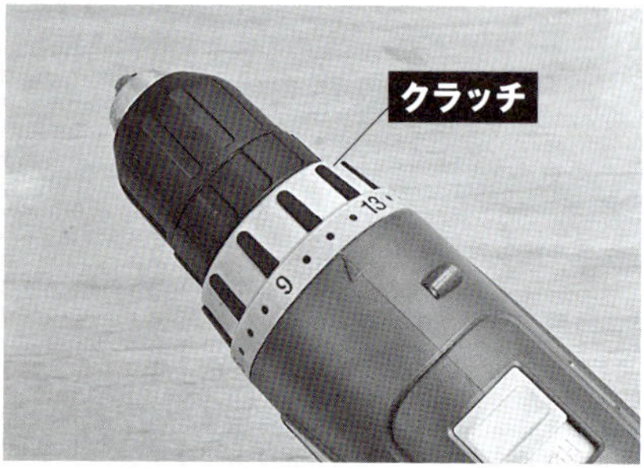

ドライバードリルのクラッチ（黄色のリング）

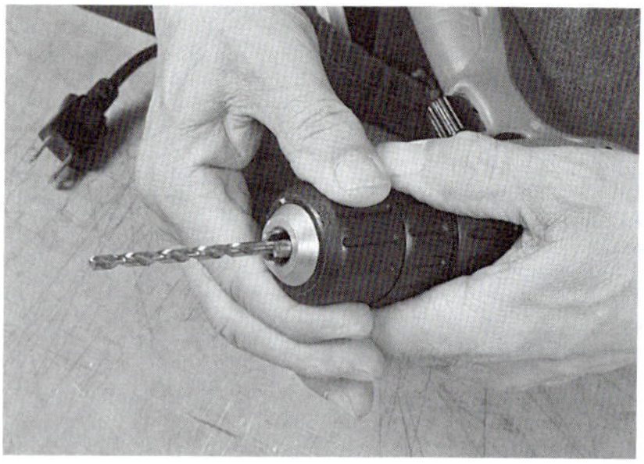

キーレスチャックもドリルビットや、ドライバービットの交換が素早くできるので便利

チャックの種類にはこだわらない

ドライバービットの軸は六角軸がほとんどで、六角ボルトを回すソケットの軸も六角形で、どのタイプのチャックにも挿し込んで使うことができます。

そのうえ、六角軸付きのチャックが先端工具として販売され、しかもドリルチャックもキーレスチャックも用意されているので、手持ちのドライバードリルと組み合わせて利用することができます。

組み合わせとして便利なのは、ドリルチャックの付いたドライバードリルの先にキーレスチャックを取り付ける使い方で、キーレスチャックの利用は素早いビットの交換ができるというメリットがあります。

電動のドリルで使う主なネジ類

材料を固定するときには各種のネジが用いられますが、材料に下穴をあけて直接ネジで固定する場合と、材料に貫通する穴をあけてネジとナットで止める場合とに、大きく分けることができます。

直接ネジで固定する代表的なネジには、木ネジとコーススレッドがあり、貫通穴を使用するタイプにはボルト・ナットがあります。

木ネジ

木ネジ(もくねじ)は、名前の通り木材の固定に使用されるネジです。ネジの先端が尖っており、軸の一部にネジが切られていて、雌ネジなしに直接材料を固定します。木ネジは、頭にプラスの溝が掘られているのが一般的です。

木ネジは、クギに比べてしっかりと木材を固定することができるので、箱型の作品を作る場合や、一定の重量を支える必要がある場合などに使用されます。

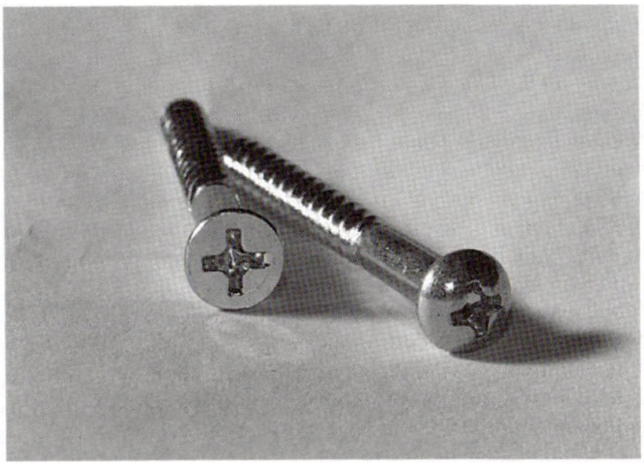

木ネジの頭の形状（左・皿頭、回右丸頭）
皿頭のネジは、頭を木材に埋め込む形で使用する。丸頭のネジは、材料が薄い場合にワッシャを使用することでしっかり固定できる。

コーススレッド

厚い木材や、屋外での使用が多いツーバイ材の工作物などには、締め付ける力の強いコーススレッドが活用されています。また最近では、従来は木ネジが使用されていた箇所にも、コーススレッドが多用されるようになっています。

特に、木材に蝶番や薄い金属の板材を固定するときには、コーススレッドの特徴である芯が細く、ネジの螺旋が粗くてネジ山が高い、スレンダービスやミニビスが普及し、その作業性の良さから電動ドリルでの使用が一般的になっています。

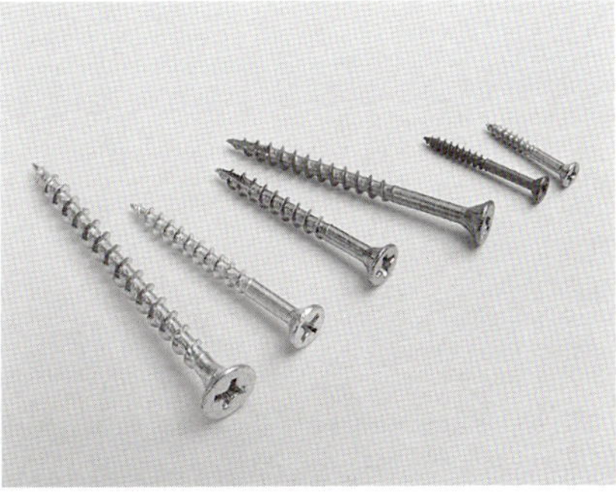

左・コーススレッド
中央・スレンダービス
右・ミニビス

コーススレッドは、軸の全部にネジが切ってある全ネジタイプと、先の半分ほどにネジを切っている半ネジタイプがあります。ネジを切るとは、ネジの加工がしてあることをいいます。

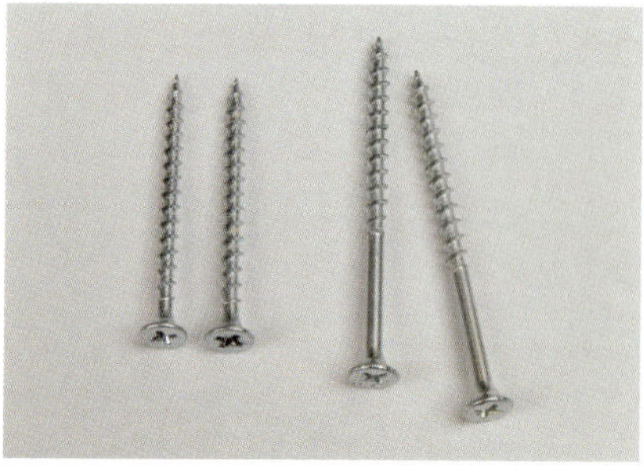

全ネジタイプ（左）と半ネジタイプ（右）のコーススレッド

頭にプラス形の溝がある ネジを使う

材料に直接ネジで固定するときには、木ネジやコーススレッドのネジ頭にプラス形の溝があるものを使います。ホームセンターには長さも太さも、多くの種類が豊富に揃えてあるので適切なものを選んで使います。

プラス形のネジは手で回すプラスドライバーか、電動のドリルに取り付けたプラスビットで回すことになります。

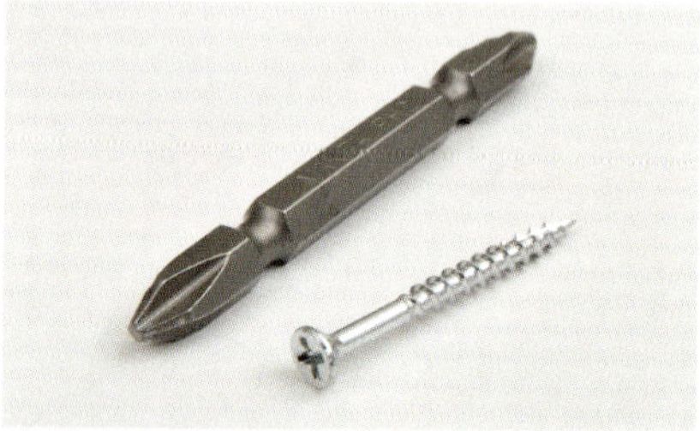

プラスネジ（右）とドライバービット（左）

六角ボルト・ナット

一般的に使われているネジには六角の頭のもがあり、厚い木材を固定する作業や、金属パーツの取り付けと固定に使われます。

木材に貫通穴をあけて、六角頭のボルトを穴に通し、ナットの雌ネジによって締めて固定します。この六角ボルトは幅広く使われていますが、木材のほか、金属の固定に多用されています。

ボルトはスパナで回す、あるいは電動のドリルにソケットレンチを取り付けて回します。このボルトとナットの組み合わせは、力のかる構造物に適しています。

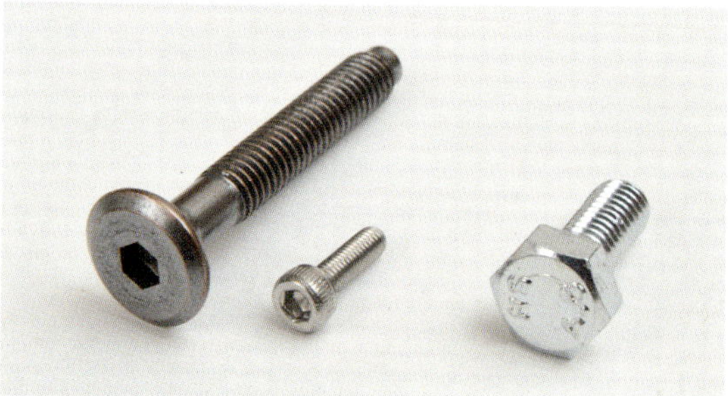

左・六角穴付きボルト　右・六角ボルト

ネジ締めの POINT

ビット軸とネジ軸の方向を一致させて空回りを防止する

プラスのドライバービットでネジを締めるときに、ビットの先端がネジ頭の溝から外れて空回りしてしまうことがあります。

溝をなめながらビットが音をたてて回りだすと、ネジを締めることができなくなり、ネジ頭の溝をどんどん削ってしまい、最終的には締める方向も弛める方向にもネジを回すことができなくなります。

それを防ぐには、ビットの中心軸をネジの中心軸に一致させると、ビットの先はネジの溝から外れることもなくなります。これは、経験を積み重ねて慣れることが大切となります。

ビットが滑り、ネジ頭の溝を削り出すと音が変わるので、すぐ回転を止めます。そして、逆回転でネジを取り出しますが、慎重に回転させないとまた溝を削ってしまいます。

ネジが抜けないときのレスキュー法

逆回転させてもネジが抜けない場合のレスキュー法として、エキストラクタービットをネジ頭に打ち込み、ドリルチャックに取り付け、逆回転させると、潰れたネジが浮き上がり抜くことができます。

このようにネジ頭の溝を潰すとネジを回すことができなくなる

ネジが抜けない場合はエキストラクターをネジ頭にゲンノウで打ち込む

エキストラクタービットの軸をチャックに取り付け、逆回転させれば、潰れたネジが浮き上がる

厚い材料のネジ止め

厚い２枚の板材などを合わせて、しっかりネジで止めることがよくあると思いますが、２つの材料ぴったり合わないまま、ネジが進んでしまうことがあります。解決する方法として、半ネジタイプのコーススレッドを使います。また、全ネジタイプのネジを使うときには、下穴をあけからネジ止めします。

2つの材料の隙間を防ぐネジ止め法

図のように、２つの材料をコーススレッドなどの螺旋の粗いネジで止める場合、全ネジを使うと２つの材料に隙間ができることがあります。そこで、材料がぴたりと合ったままネジ止めするには、次のような方法で行ないます。

全ネジでは下穴を活用する

全ネジを使うときには、上の材料にあける下穴をちょっとだけ大きくします。すると上の材料にはネジの螺旋がゆるく当たることになり、ネジの効果がほとんどない状態になって、下の材料を引きつけることになり、隙間がなくなります。

さらに、材料が浮かないよう、クランプでしっかり固定したままネジ止めすれば、全ネジタイプのコーススレッドでも有効な方法です。

半ネジを活用する

また、半ネジタイプのコーススレッドなどを使うと、上の材料が浮き上がることを防ぎます。半ネジタイプを使って部材同士をしっかり押し付けながらネジ止めすると、ネジを切ってない部分は、上の材料の中で空回りして下の材料を引きつけることになり、隙間ができる心配がなくなります。

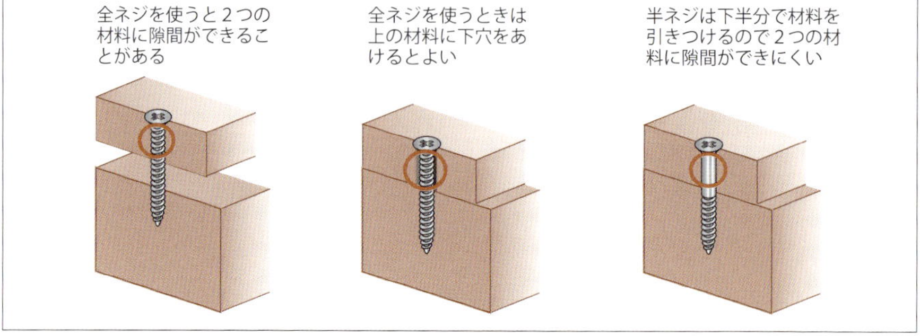

下穴をあけてネジ止めする方法

手許に全ネジしかなく、しかもクランプで固定できない場合は、下穴をあけて２つの材料の隙間を防ぎます。

下穴ビットは、太くて短いものを準備し、２つの材料を合わせて下穴をあけます。すると、上の材料に太い下穴があき、下の材料には浅い穴となるので、コーススレッド類を使うと有効なネジ止めになります。写真の例はサイディング用を使いました。

鉄工用の細いビットを下穴キリの役割として使うこともあり、そのときには深すぎる穴にならないよう注意すること、そしてビットを折ってしまわないよう、ドリル本体の使い方に注意します。

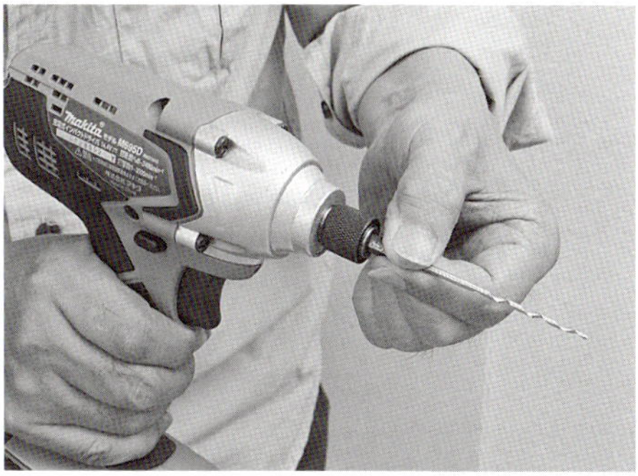

下穴ビットも、穴の深さとサイズに対応して準備するとよい

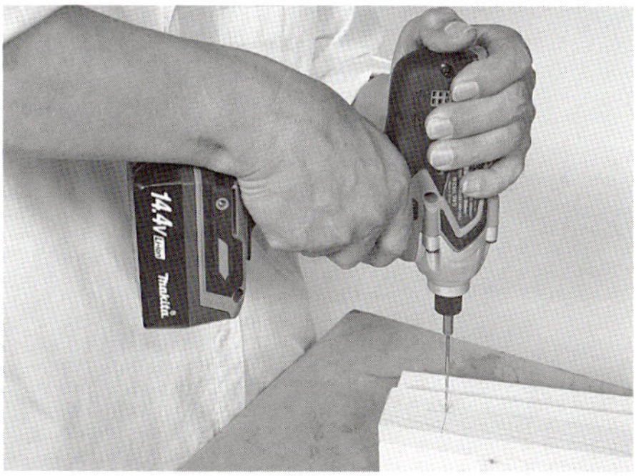

2つの材料を重ねて下穴をあける

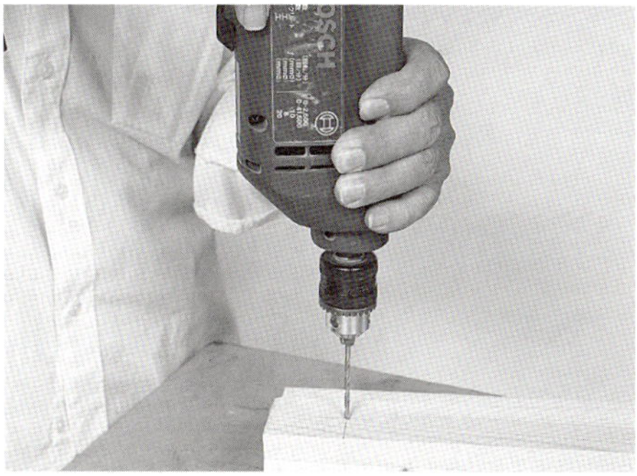

鉄工用の細いビットを下穴あけのキリとして使うこともある

下穴あけとネジ止めを効率よく進める工夫

インパクトドライバーなら、ビットの交換がワンタッチでできるので便利ですが、１台のドリルで下穴あけとネジ止めを繰り返して行うのは手間がかかります。

そんなときは、ネジ止めの順序によって少しでも時間の節約を考えてみます。クランプで止められないときには、材料を手で押えることになり、まず素早く１か所をネジ止めします。材料を押える力と、電動ドリルを進める力の方向が同じなので、少し難しい作業です。

この１か所を止めるときは、下穴をドリルであけて次にドライバービットでネジを締めるようにするとよいでしょう。

１か所ネジ止めできたら、あとは材料がずれないように、次々とネジで止めていくのですが、最初にネジで止める所をどこにするかは、いろいろな条件で違ってくるので試してみます。

次々とネジで止めていくのですが、その前に下穴を必要な数だけ先にあけておき、次にネジで固定して進めると、いちいちビットを取り換えることから少し解放されます。

複数の下穴をあけておき、最初のネジを止める

下穴を使って順次ネジ止めする

長いネジで接合するときも下穴を使う

下穴活用でトラブルを回避する

ツーバイ材など、厚い材料を組み合わせてネジ止めする場合、手間を省くためにも当然長いネジを使うことが多くなります。しかし、狙いどおりの箇所にネジがうまく入らない、あるいは思うような方向に進まない、材料にひびが入ってしまうなどのトラブルが起きることがあります。そんなときには、ネジがスムーズに回転するように下穴を活用します。

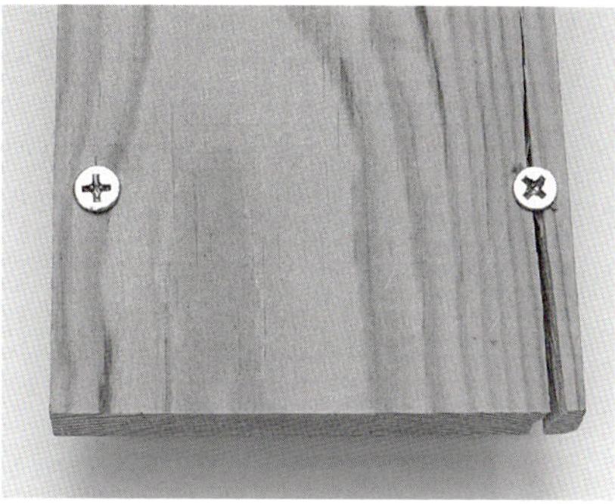

左は下穴をあけてネジ止めした例
右は下穴なしで材料にひびが入った例

下穴専用ビットが便利

下穴ビットには鉄工用ビットに似た形と、テーパー形の先が細いものがあり、どちらも同様に使えます。テーパー状のビットは、先が細くなっているので、細いネジにも使うことができ、太さも数種類あるので、よく使うネジに合わせて準備します

厚い材料に下穴をあけるには、長いものを使うようにします。このとき、相手となる材料までネジが届くように下穴を深くあけると、ネジが曲がらずに進みます。

下穴をあけることによって、ネジが曲がらずに入り、そしてネジが入ってからも曲がってしまうことも防ぐことができるので、下穴あけは有効な方法です。

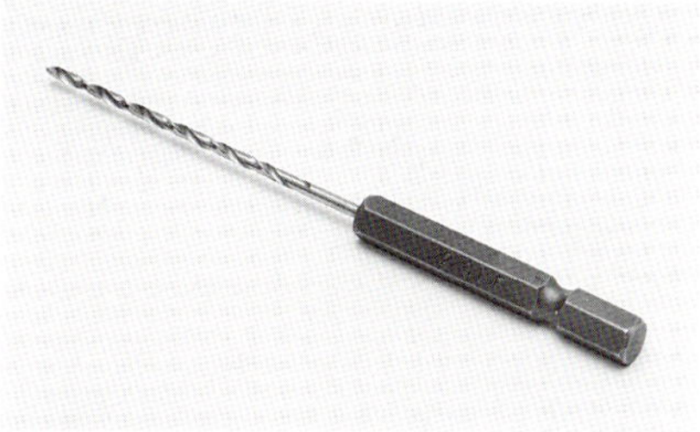

下穴専用ビット

相手となる材料までネジが届くように
下穴を深くあけてネジ止めする

さまざまな
ネジ締め作業

木材の接合以外にも、アルミやスチールなどの金属類の固定にもネジやボルト・ナットなどが使用されています。締め付け箇所が多いときには、電動ドリルを使うと素早く作業ができ便利です。

ボルト・ナットで
穴あきアングルを組み立てる

本を置いたり、観葉植物を飾ったり、自由な大きさで棚を作ることができる材料の１つに「穴あきアングル」があります。

棚の設計は、使いたいサイズで考えますが、販売されている数種類の長さのアングルから、必要なサイズを選びます。外側の形とサイズと、棚の枚数を決めることで、ネジ止めの必要箇所が決まり、ボルト・ナットの数が計算できます。組立て後の変形を防ぐコーナー金具も用意して、少なくとも四隅に挟んで固定しておくと棚全体が安定します。

次いで、組み立てに使用するボルトの種類に適したビットを準備します。六角ボルトの場合は、ボルトを回すソケットレンチを用意しますが、ボルト・ナットとソケットレンチのサイズを合わせる必要があります。

また、プラス溝の付いた鍋頭ボルトを使用する場合は、プラスのドライバービットを準備します。そして、ナットの空回りを抑えるスパナ（レンチ）を使いますので、ナットとスパナのサイズ合わせもしておきます。

使用するマシンは、クラッチ機能付きのドライバードリルが便利で、締め付ける力の調整をすることで、締め付け過ぎを防ぐことができます。

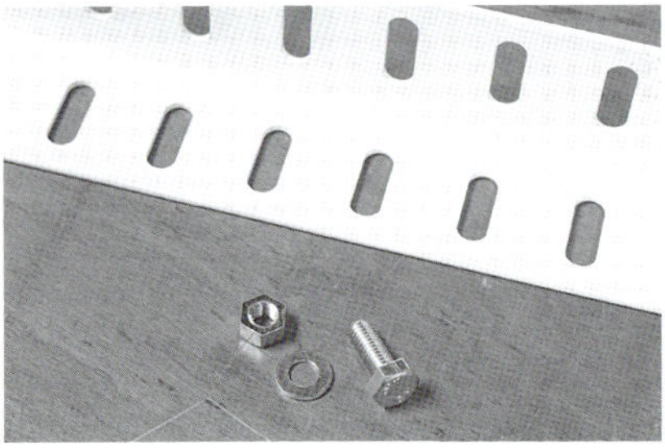

穴あきアングル（上）と
ナット、平ワッシャ、六角ボルト（左から）

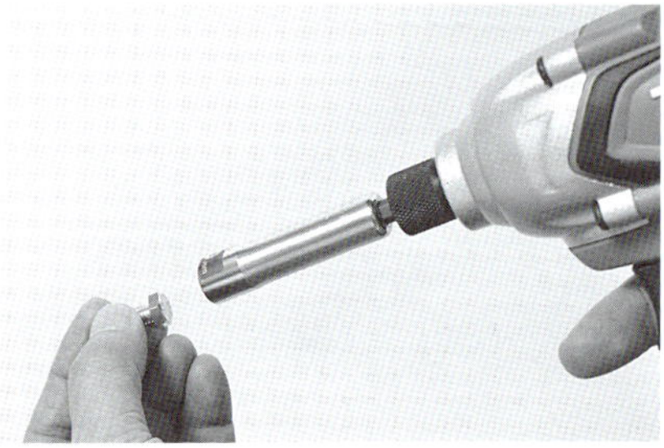

六角ボルト・ナットと
ソケットレンチのサイズを合わせる

仮組みからスタート

棚の箱型の外側からスタートすると組み立てやすく、実際の組立ては縦の柱と、正面と裏の横のバー、奥行きの部材の交点をボルトとナットで締め付けていく。

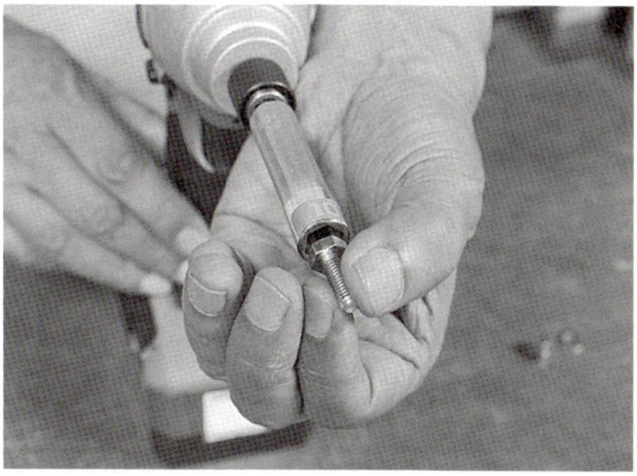

インパクトドライバーにソケットレンチを装着し、六角ボルトを回す

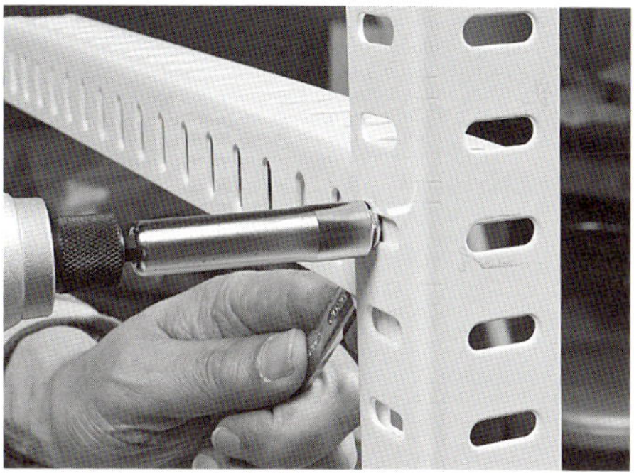

部材の交点にボルトを挿し込んでナットで締め付ける

ボルトの頭を外側にして挿し込み、反対側からナットで締め付ける。

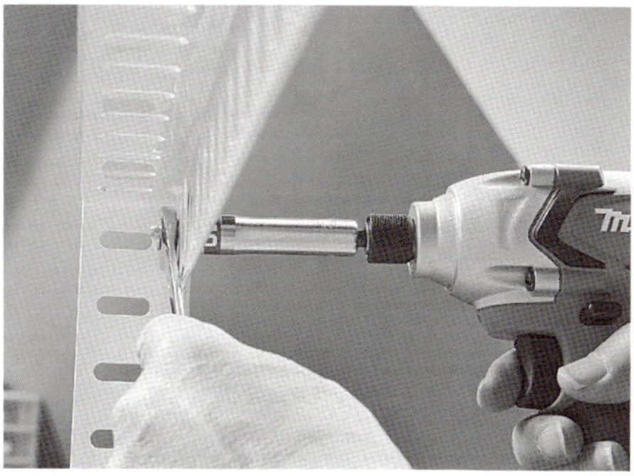

アングルの内側のナットをスパナで止める

スパナを使ってボルトとナットの回転を止めながら締め付ける。
ナットの締め付けは、ほんの少しゆるめに仮止めし、箱形の組み付けができた段階で、再度しっかり本締めする。
同様の手順で、各箇所を順次締め付けする。

空洞がある壁にボードアンカーを使う

空洞がある壁に金具を付ける

ネジやクギの効かない、石膏ボードや空洞がある壁に絵や写真の額などを飾りたいとき、ボードアンカーを取り付けて利用する方法があります。壁の材質とどんな器具を固定するかにより、ボードアンカーのタイプとサイズを選んで、取り付けることになります。

下穴あけには、ドライバードリルやインパクトドライバーを使用しますが、ボードアンカーのパッケージには、下穴に使用するビットの直径が表示されていますので確認して準備します。

（上）ボードアンカー　（下）アンカーボルトを締め付けて脚が開いた状態

1.電動ドライバーで壁に下穴をあける

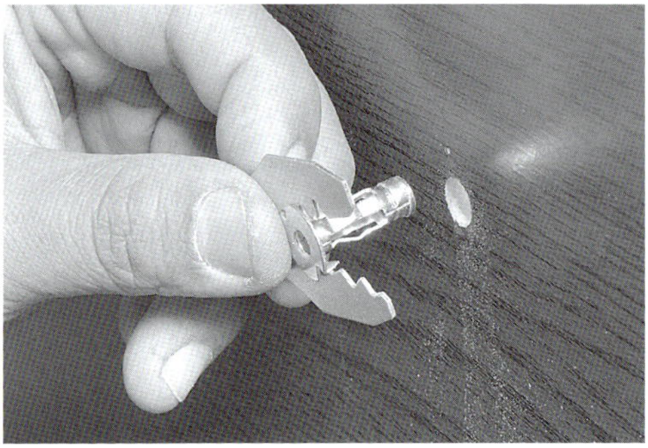

2.下穴にレンチを当てながらアンカーを挿し込む

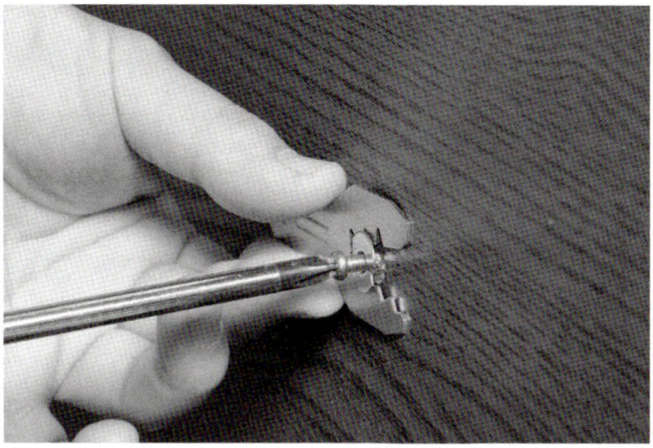

3.手道具のドライバーで アンカーボルトを 締め付ける

アンカーボルトが空回りしないように、付属の金属薄板のレンチを当て固定しながらボルトを締め付ける。

4.壁板の裏側では アンカーの脚が開いて アンカー本体を固定する

ボルトが回らなくなると、壁板の裏側でアンカーの脚が開いて壁側に引き付けて固定する。

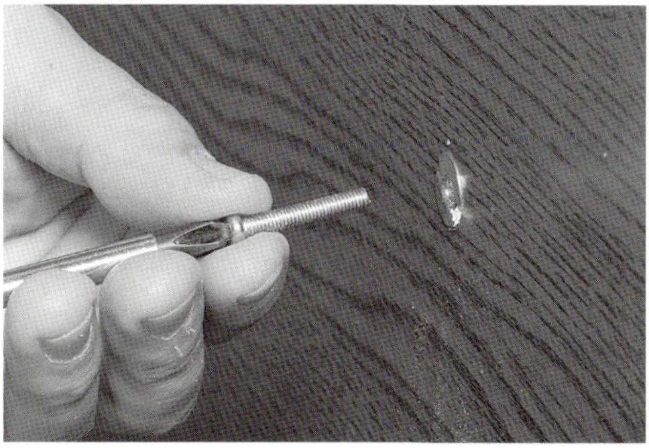

5.アンカーボルトを 逆回転で弛め 役目を終えたボルトを 抜き取る

6.L型の洋折れ金具を ねじ込むと完了

抜き取ったボルトと同じ規格のネジ加工したL型金具を手で回し込む。

ボルトの固定にワッシャを活用する

材料に傷を付けるのを防ぐ

ボルト・ナットで材料を締め付けるとき、材料に傷を付けないようにワッシャ（座金）を使う方法があり、材料とボルトの頭の間や、材料とナットの間に挟んで使います。

一般的に、ワッシャは平座金のことを指し、鉄製やステンレス製が一般的な素材ですが、気密性を高める目的で使用されるプラスチック、ゴム、シリコンなどの素材のものもあります。

ワッシャは、ボルトの頭の面より少し大きな直径のものを使うことで、押さえる力を分散しています。ワッシャを使用することで、ボルトやナットの力が集中することなく広い面積に分散し、締め付けている材料に傷が付きにくくなる効果が期待できます。

ボルトの締めすぎにも安心

木材をボルトで固定するときにワッシャを使うと、インパクトドライバーでボルトを少々締めすぎても、それほどダメージはなく、作業に安心を与えるパーツといえます。

ボルトのゆるみ止め効果

ワッシャを加えることで、材料の穴や溝部分にナットやボルトが沈み込むことを防ぎます。また、穴の直径がボルト頭の直径より大きい場合に、ワッシャを入れてボルトが抜け落ちないように一時的に利用することもあります。

このように、ワッシャを使うことで、締め付ける力が分散し、より広い面積で材料を押さえつけるので、ゆるみ止めの効果も期待できます。

木材の取り付けや、取り外しには特に有効で、ワッシャを使うことでボルトを締めるときに付けてしまう傷がごく小さくてすみます。

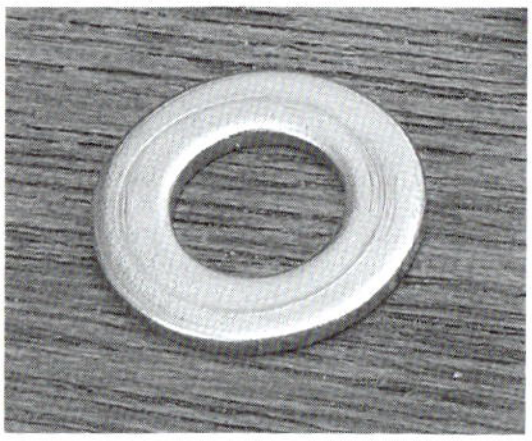

ステンレス製の平ワッシャ

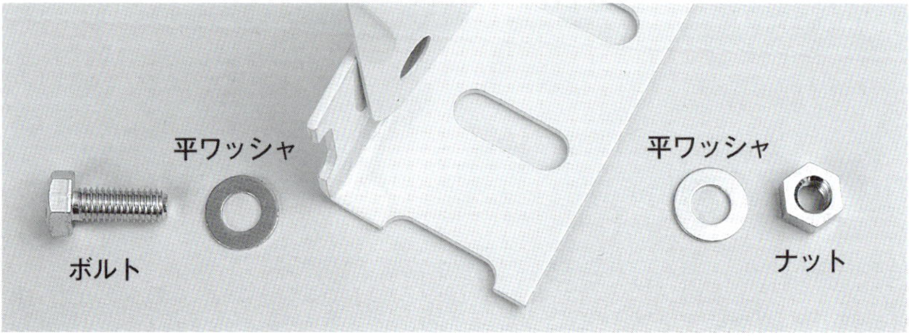

●ワッシャの使用例／材料を両側から挟むように平ワッシャを使用

スプリングワッシャで逆転を防ぐ

ワッシャの環の1か所を切断し、端を少し持ち上げた形にしたものをスプリングワッシャと呼びます。スプリングワッシャを1枚挟むと、ボルト頭やナットにくい込んで、ゆるみ止めの効果が期待できます。くい込むといっても、金属相手ならほんの少し傷を付ける程度のことで、それだけでも逆回転を防いでくれます。

スプリングワッシャを使う目的には、ゆるみ止め効果だけでなく、ゆるんだときの脱落防止効果もあります。

スプリングワッシャを柔らかい部材に直接使うと傷が大きくなり、分解と組み立てを頻繁に繰り返す場所には適しません。

スプリングワッシャは、絶対にゆるまないということではないので、他の方法と組み合わせて効果を高めることも考えることが必要になります。

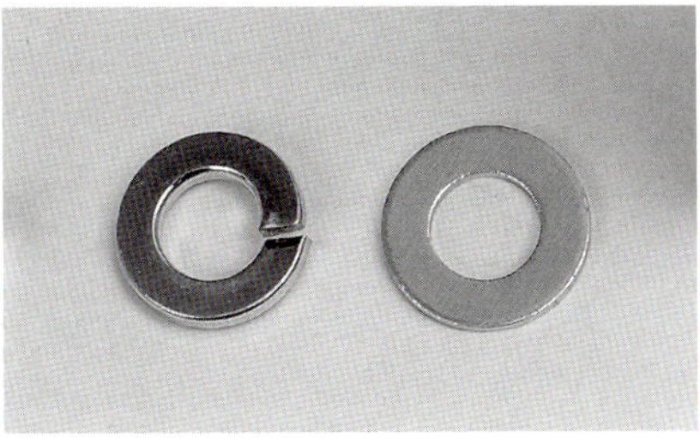

スプリングワッシャ（左）平ワッシャ（右）

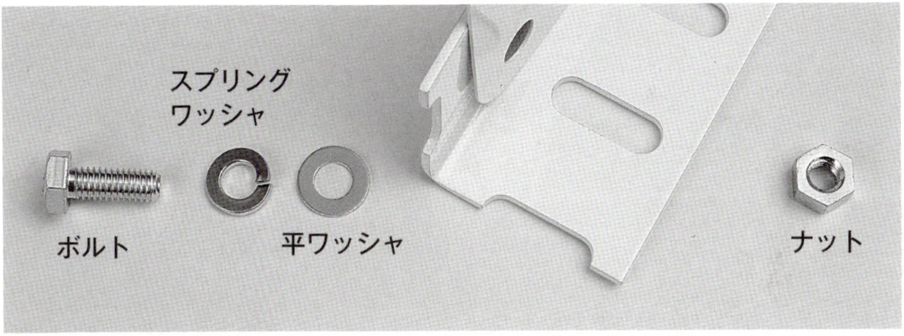

ボルトによる締め付けの場合は、スプリングワッシャ・平ワッシャの順に挿し込む

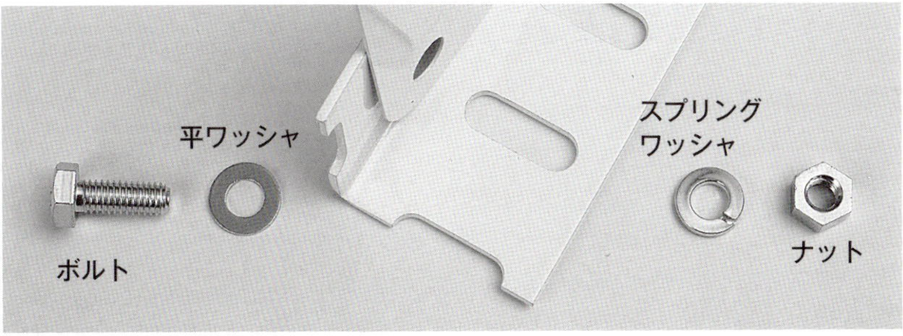

固定したボルトにナットで締め付ける場合は、平ワッシャ・スプリングワッシャ・ナットの順に挿し込む

初めて手にした電動ドリル

木を使った趣味の作品づくりや金属板の加工など、電動ドリルは身近なところで活躍を続け、ドリルは小型化、パワーアップして、進化を遂げています。

初めての電動工具は、利用するシーンを思い描き、ワクワクしながら工具店のレジに並び、帰宅して箱を開けるときが、期待感のピークだという経験は、誰しも持つものです。一度手にしてしまうと、そのパワーと持続力、正確さの魅力に、もう手放すことはできません。

電動ドリルの使い方について、いろいろお聞きした伊藤洋平さんに、初めて購入した電動ドリルについて伺ってみました。

伊藤さんは、2010年に東京都八王子市の㈱村内ファニチャーアクセス内に「八王子現代家具工芸学校」を設立し、指導教員を務めています。

イギリスに家具製作の留学をしていた伊藤さん

上の写真は伊藤さんの持つ電動のドリル類ですが、家具工芸学校で貸し出しに使うこともあって台数を揃えています。

イギリスで家具づくりを学んでいた伊藤さんは、大型マシンも電動工具も現地の学校の備品を使っていたので、自身のマシンを購入する必要はありませんでした。むしろ電動工具より手道具の洋カンナに魅了されていたようです。

イギリスでの授業にも慣れ、友人も増えると古道具市の情報が入り、手道具と洋カンナを少しずつ購入し「古いものは材質も良く形も良い、使い勝手までも良いので、少し集めました。今でも洋カンナをメインに使っています」と語ります。

伊藤さんが初めて購入した振動ドリル

伊藤さんが初めて購入した電動工具は、振動ドリルの100 Vタイプです。帰国して、自身の工房設立のときに準備したもので、ネジ止めの力が強くて軽いものをという基準で選んだといいます。

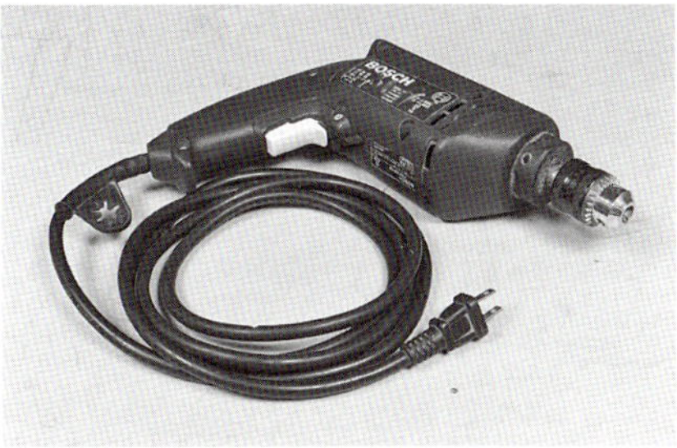

伊藤さんが初購入した100 Vの振動ドリル

面積の広い板材の真ん中に穴をあけたいとき、ボール盤は向いていません。ボール盤ではできない穴あけは多く、電動ドリル類の活躍の場は残されてハンディなものがどうしても必要になります。

家具工芸学校の作業室で使う電動工具は、特に充電タイプのものにする必要はなく、100 Vタイプは本体が軽いので使い勝手が良いようです。電源ケーブルさえ準備しておけば、室内の作業には支障ありません。

家具工芸学校の2階にある手加工作業室では、手道具や小型電動工具を頻繁に使う「基礎入門コース」もあり、他の工具類と共に使いこなしを学ぶことができます。そこでは、自宅で電動ドリルを使うときの注意点にも触れ、安全な使い方とパワーの利用についても解説をしています。

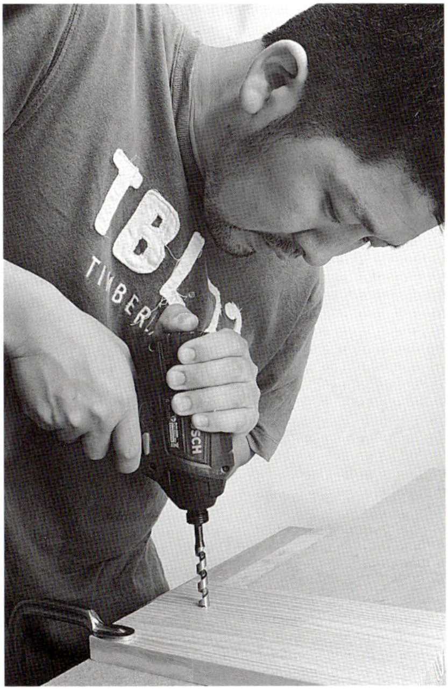

正確な穴あけのために両手でドリルをホールドする伊藤さん

塗料や釉薬を
混ぜるときに便利

電動ドリルをかくはん機として活用する

塗料を混ぜて好みの色をつくるとき、陶芸で使う釉薬を溶くときにも電動ドリルを活用すれば、手作業に比べ短時間で均一にかくはん作業ができます。

使い方は、電動ドリルにシャフトを付け、先端にミキシングブレードを付ける簡単な構造なので扱いは簡単です。無段変速の機構が付いている電気ドリルを利用すると、かくはんスピードの調節ができ、塗料や釉薬の飛びはねを少なく抑えることができます。

材料の粘度によって機種を選び、回転数の調節ができるタイプを使うと、対応する範囲も多くなります。

シャフトの先端に取り付けるミキシングブレードにも種類があるので、適切なタイプを選ぶようにします。

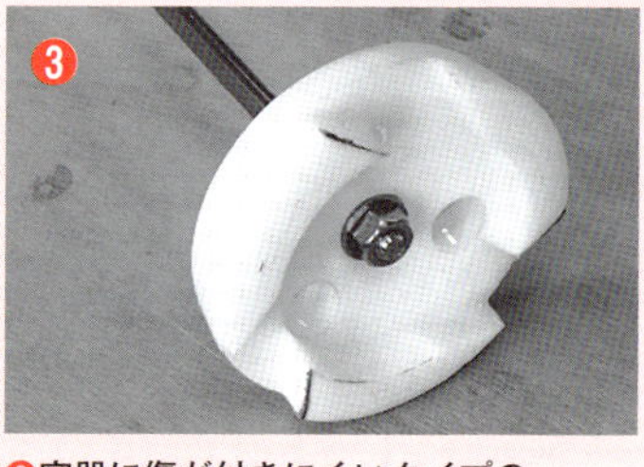

❶電気ドリルにシャフトを付け、
先端にミキシングブレードを付けたかくはん機
❷適度な回転でかくはんすれば
釉薬は飛び散らない

❸容器に傷が付きにくいタイプの
ミキシングブレード

Part 5 電動ドリルの使いこなしの技

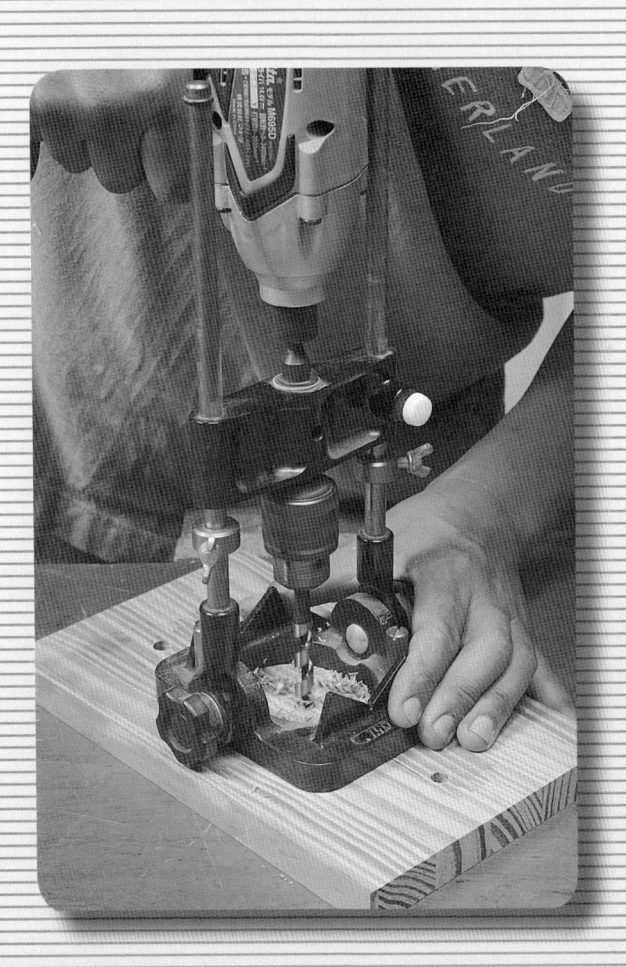

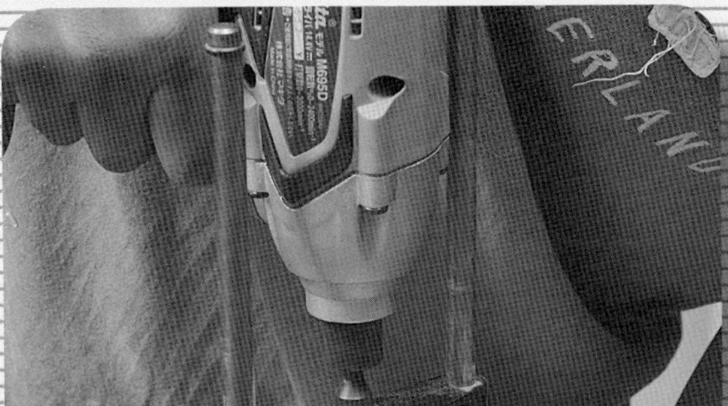

ちょっとした工夫で技がレベルアップ！

電動ドリルにちょっとした工夫を加えることで、大きな能力を引き出すことができます。その使いこなしの技を知ることで、電動ドリルを使った作業の楽しみを広げてみましょう。

専用ビットで大きな穴あけもできる

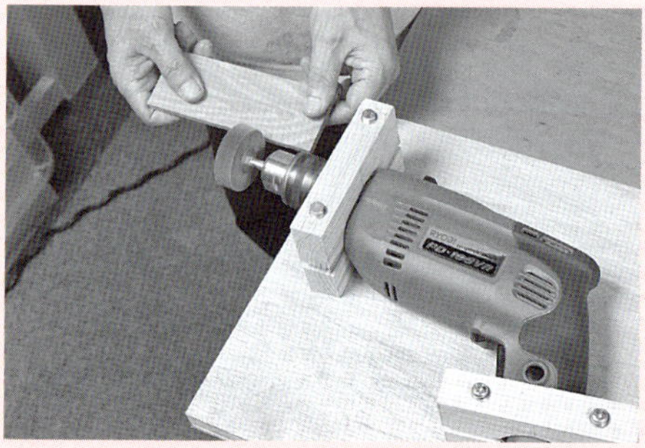

電動ドリルの横置きで
研磨作業も安全にできる

中級者向け

材料の固定に一工夫する

「慣れてきたときが危険なとき」。よく聞く言葉ですが、危険に対していつも注意をはらうことが大切で、特に電動工具を使うときは材料を固定して作業することは、P 36にあるように基本中の基本です。材料の固定方法にも、より安全で楽にでき、しかも仕上がりをよくする手法がありますので、活用してみましょう。

当て板の活用で材料の傷を防ぐ

木材の加工でも、金属の加工でもクランプやバイスを使って、材料をしっかり固定することは作業の基本です。

ところが、クランプの金属部が材料に当たり、強く締め付けて固定するとへこんで傷になってしまうことがあるので、傷を付けないように工夫して作業を進めるようにします。

クランプと材料の間に当て板を挟むと
傷を付けることがない

クランプに当て板を使う

クランプで材料を固定するときに、木の端材をクランプと材料の間に挟んで締め付けると、材料に傷を付けないようにできます。当て板には、他の作業で残った端材を捨てずにとっておいて使います。

金属板を固定するときにも、当て板を使って傷を防ぎ、ドリルで穴あけをするときには、ビットがくい付いて金属板が回転するのを防ぎます。

当て板を使って材料を固定する方法は、電動ドリルを使うときばかりでなく、丸ノコやジグソーで加工するときなどでも有効です。

長い当て板で材料を固定する

作業によっては、クランプヘッドが邪魔になることもあります。また、丸棒や球状の材料を工作台に固定して加工することもありますが、直接クランプで止めようとすると、なかなか安定しないことも、よくあるシーンです。

その対処法として、次ページの写真のように工作台の上に置いた束の高さを調整して、長い当て板をブリッジ状に使って、間接的に材料をクランプで止める方法があります。これは、不安定な材料を固定するときに便利な手法

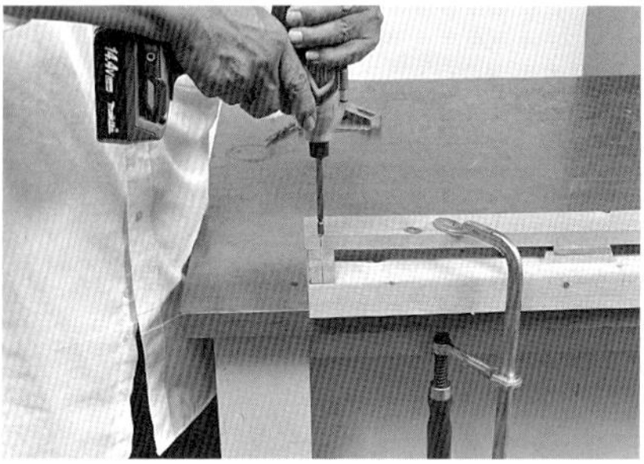

クランプの頭が邪魔になる小さな材料も長い当て板なら固定できる

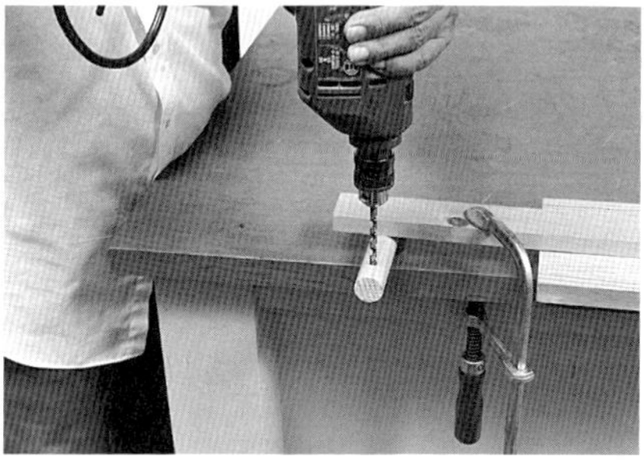

材料の高さに合わせた束を置き、その上に長い当て板を渡して固定すれば、丸棒の穴あけも安定した作業ができる

で、また、小さな材料を固定するときにも有効な方法です。

丸棒を固定する場合でも、材料と束の間に長い当て板を渡し、当て板の中央部と工作台を挟んでクランプで固定します。

鉄工バイスを木工用に換える

金属加工に使うタイプのバイス（万力）でも、口金(くちがね)を木に換えると木工用として使うことができます。

木の口板に交換する

金属の口金から、次のような手順で木の保護用口板(くちいた)に交換します。

①口金を固定している太いネジを弛めて口金を外し、寸法を測る
②口金と同サイズか、2mmほど大きめに口板（保護用の板）をつくって固定用のネジ穴をあけておく
③保護用の口板を外したネジを使って取り付ける。

木の台に固定しておく

バイスは、使うときだけ工作台に固定できるように木の台に取り付けておくと、バイスを使うときだけ工作台にクランプで固定して使うことができます。バイスを木の台に取り付けるネジは、短くて太いものを使い、電動ドリルで下穴をあけてから取り付けます。

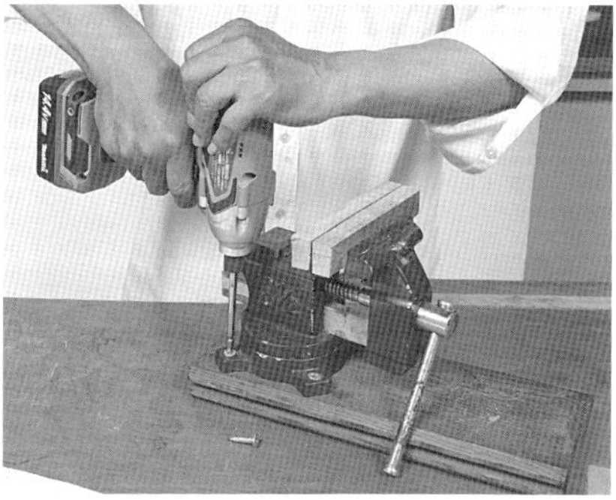

木工用バイスを木の台に固定しておく

技 クランプヘッドに当て板用キャップ

材料を押さえて、しかも当て板もずれないように押さえるなど、1人でセットすることが大変なときがよくあります。そんなときを想定して、クランプのヘッドに着脱できる当て板キャップを作ります。

サイズは、対象にする材料や手持ちのクランプによって決め、いろいろ確かめるのも工作の楽しみです。

これなら当て板を押さえながら材料を挟む必要がないので、充分に作業の助けになり、電動ドリルによる穴あけ作業や、ネジ締め作業をスムーズに進めることができます。

厚さ8mmほどの薄板をクランプの頭の大きさに合わせてカットする

薄板を組み立て、キャップの上側には細い板を渡して木工用接着剤で貼り付ける

クランプヘッドに挿し込んで、下を向けても落ちない程度に調節すれば完成

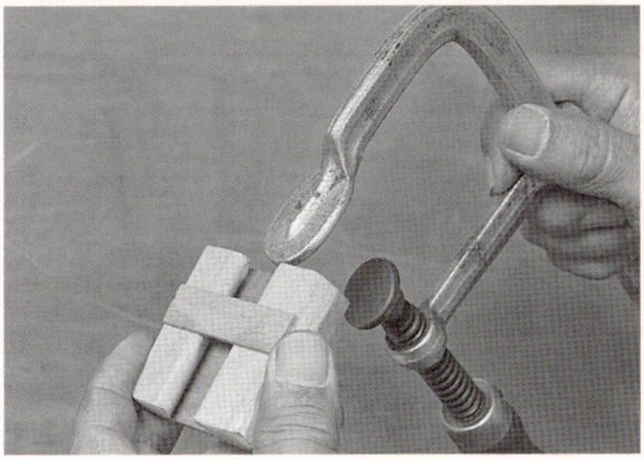

技

バイスの代用として角材で固定具を自作する

材料をくわえて、加工に力を入れても耐えられるバイスは高価なものが多いので、代用として角材で自作する方法があります。使い方に限界があるものの、工夫しだいで固定方法が広がります。大きな材料だけでなく、小さなものも、曲面を持つものも固定して利用できます。

材料に厚いものを使い、クランプヘッドが入る穴あけをする。短い角材が手に入ると、使いやすい

穴あけが終わったところ。写真は直径25mmのビットを使ったもの

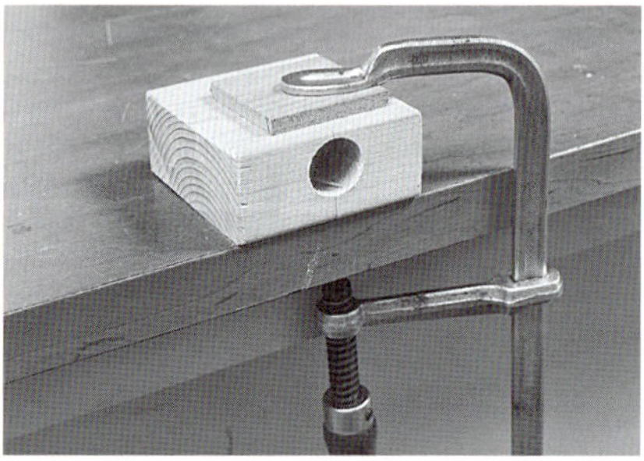

少し大きい面で締め付けることができ、大きな角材ならば直交する方向の穴あけもしておくと、使い方の工夫がいろいろ増える

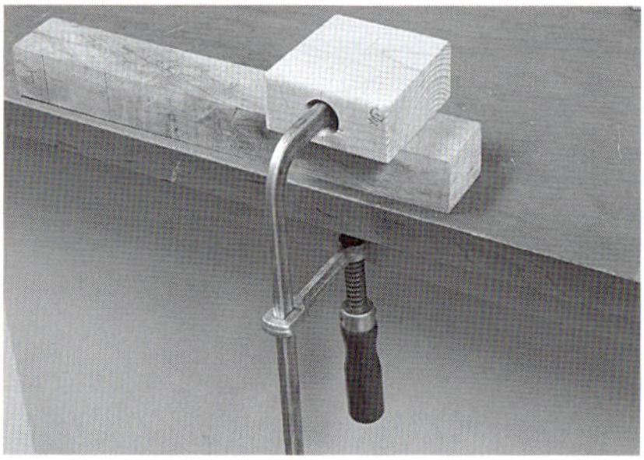

初級者向け

クラッチ機構を活用する

穴をあける作業、ネジを締める作業などには、電動ドライバードリルはとても便利なマシンです。特に、ネジ締め作業にはクラッチ機構を使うと、締め過ぎを防ぐことができます。使用するネジや材料に応じて、最適な回転力の選択には習熟が必要となります。

クラッチでネジを締める力を調整する

クラッチの役割

クラッチは、トルク(ネジを締め付ける力)を調整する目的で設けられた機能です。クラッチ機構のあるマシンで、締め付けている途中で必要以上に力がかかると、クラッチが作動して回転を制御する仕組みで、これによりネジの締め過ぎが防止できます。

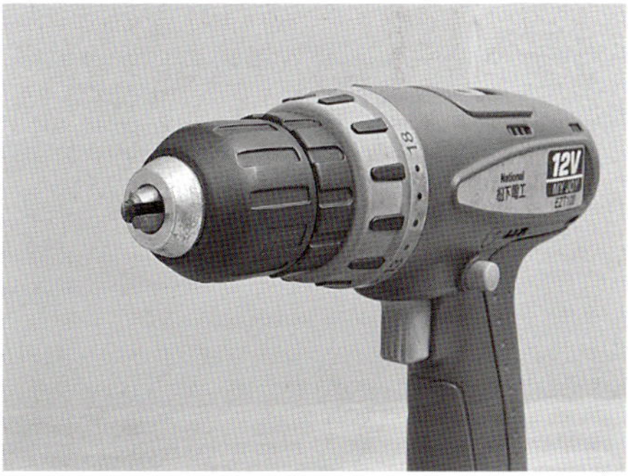

クラッチ機能付きのドライバードリル

ドライバードリルのクラッチを使う

クラッチリング(クラッチダイヤル)を回して、目盛りを合わせることでトルクを設定できます。この機構を使うと、ネジ頭がもぐることを防ぎ、均一なネジ締めができます。

クラッチが作動すると、それまでの回転音と違って、ギヤがぶつかっているような音に変わるのですぐわかります。

このクラッチ機能のないマシンでネジ締めするときは、トリガースイッチの引き具合で、ネジの締め具合を調節する必要があり、ネジ締めの箇所が多いときは大変な作業となります。

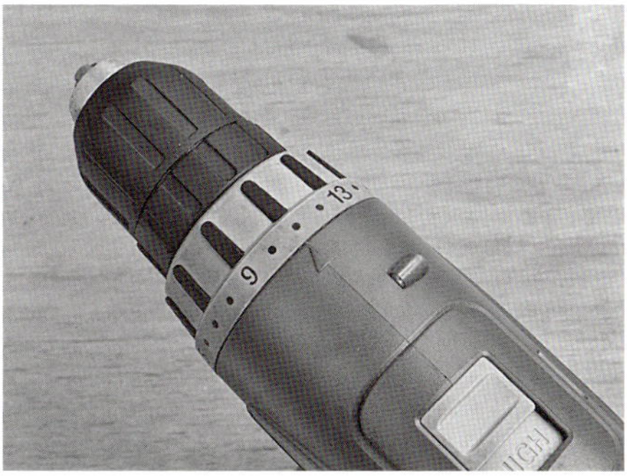

クラッチリングの数値

同じトルクでのネジ締め比較

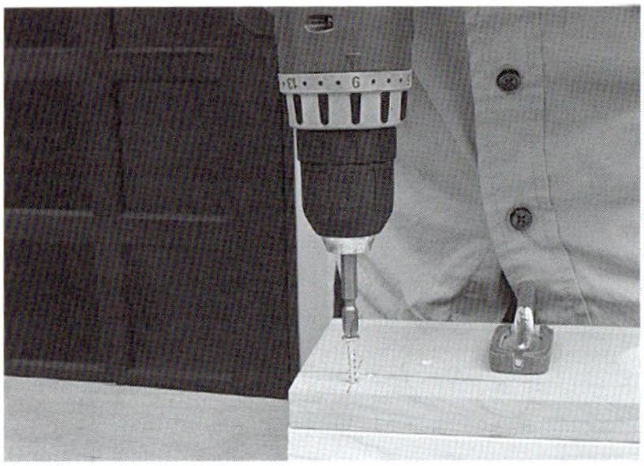

①例えば、ダイアルを９に合わせたとき、材料の堅さや長さによってクラッチが作動してネジが進まないことがある

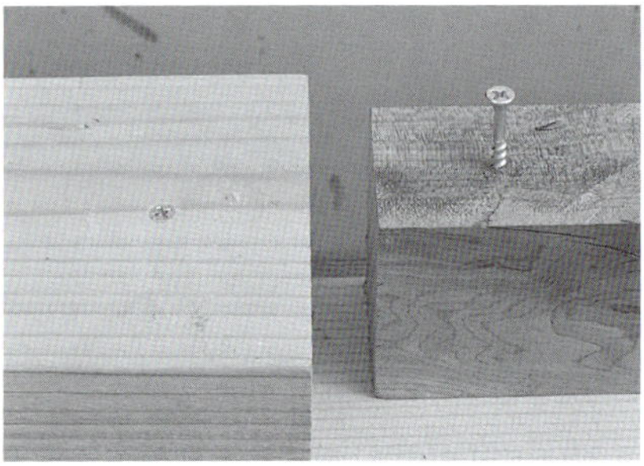

②同じネジでダイヤル３に合わせて、右の堅い材では途中で停止、左の軟らかい材はネジ締めが完了した

クラッチリングでトルクを設定する

トルクは、リングの数字で表され、数字が大きくなるほど大きな力をビットに伝えることになり、堅い材料を相手にするときや、ネジなどを強い力で締め付けるときに有効です。

例えば、小ネジを使うときや軟らかい材料にネジを使うとき、一般的に弱い力でクラッチが効くようにしています。

軟らかい材料を扱うときや、ネジの頭が浮かない位置に止めるときなど、トルクの調整をしながら使い分けます。

小さな数字にすると、ビットに回転が伝わらず、音が変わってクラッチが効いていることがわかります。

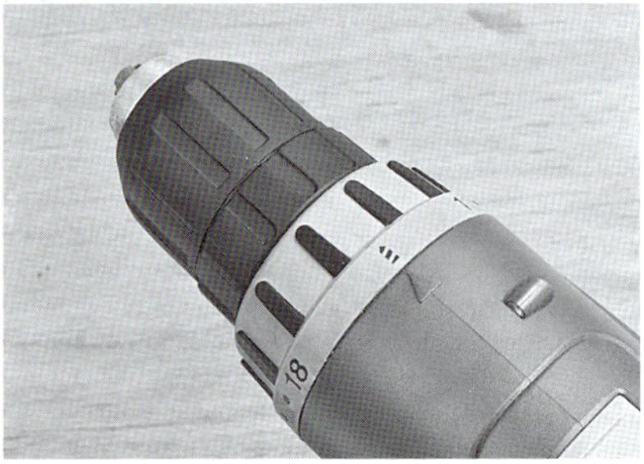

●「ドリルビット」マークに合わせるとクラッチ機構は働かずに穴あけ作業ができる

穴あけはドリルのマークに合わせる

クラッチ機構のあるドライバードリルで、ネジ締め作業から穴あけ作業に移るときには、クラッチリングに刻まれている、穴あけドリルビットのマークを本体の▲に合わせると、クラッチ効果がなくなり、ストレート接続のような状態になります。穴あけビットは最後まで進むことになるので、状況に応じて切換えることができます。

初級者向け

材料に直角となる穴をあける

木材に対して、正確な直角の穴あけが必要な場合は、ドリルガイドやボール盤を使うとよいのですが、そうした機器を整える環境はなかなかありません。ところが、正確で直角な穴あけを必要とする作業は意外に少なく、ほぼ直角な穴でも許されるケースはよくあることです。

電動ドリルで材料に直角となる穴をあけるには、ドリルビットが材に対して垂直になっているか、他の人に確認してもらい、垂直な角度を感覚で覚えるようにします。

ほぼ直角なら治具を使えば簡単

高価な機器を購入してまで直角にこだわらなければ、手ごろな定規を利用したり、木で簡単な治具を作って少しでも直角に近づける工夫をすれば、ほぼ直角な穴をあけることができます。

スコヤをガイドにする

スコヤは、材料に当てて直角な線を引いたり、加工面に当てて直角であることの確認に使うもので、特に木工作には必需品です。

穴あけするポイントに、本体にセットしたビットの先を当てて、その脇にスコヤを立て、そのスコヤをガイドにドリルビットと平行であるかを確認します。

次に、ドリル本体を傾けないようにしながら、スコヤを90度動かしてビットとの平行を確認します。その状態をキープしながらマシンのスイッチを入れれば、ほぼ直角に穴あけができます。

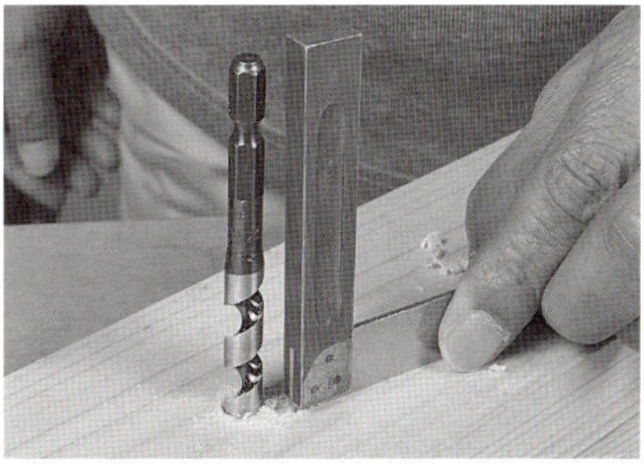

ガイドのスコヤと本体から抜いたビットの関係をわかりやすく示した

CDやアクリル板を鏡として利用する

穴あけポイントに、ビットが垂直に当たっていることを、材料の上に置いた反射板を見て確認する方法があります。

1つは、CDやDVDメディアの裏面は、光を反射するので鏡の代用として使えます。メディアの中央には穴があいているので、その部分に穴あけポイントを合わせ、ドリルビットを当てます。メディアの鏡に映ったビットと、ビットの実物を合わせて一本に見えたときが「ほぼ直角」になります。

電動ドリルの傾きを修正するときは、ドリルを支える左手の肘を工作台の上にしっかり当てることが大事です。

そして、右方向や左方向など、2方向から見てそれぞれ一直線であることを確認した時点で、一気に穴あけします。一気にあけることが肝心で、ちゅうちょすると直角はすぐ崩れます。

また、ガラスの鏡とほぼ同じくらい反射するアクリル板の鏡を用意して、中央に直径10mmほどの穴をあけて同様の使い方をします。

アクリル板の反射を利用する

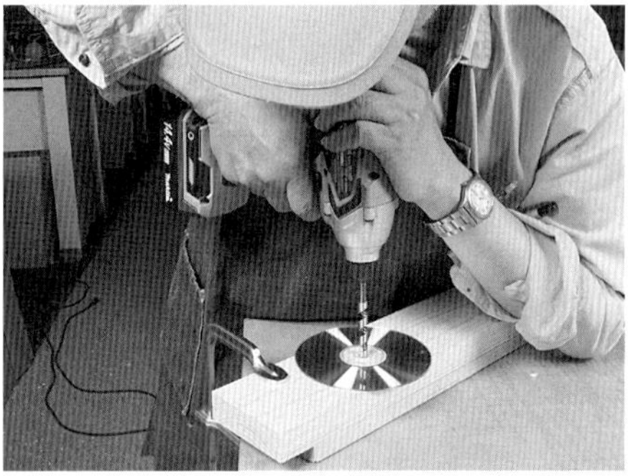

ポイントに当てたビットとCD裏面に映ったビットとが一直線になる位置で固定する

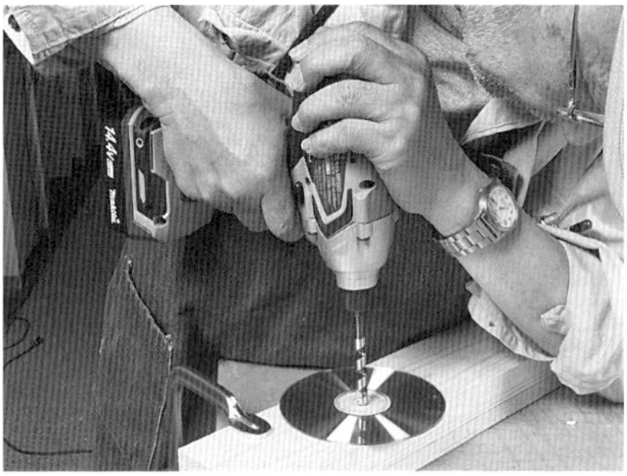

角度を変えて一直線になるよう肘を台に当てビットの角度を固定する

そのまま一気に穴あけする、ちゅうちょすると直角はすぐ崩れる

木製穴あけ治具をつくる

４～５cm 角の木のブロックに、直角に穴をあけた治具をつくります。この直角穴あけは、ボール盤を使うと正確にできるので、知人を頼ったり、ホームセンターに頼んだりするとよいでしょう。

カンナがあれば、穴あけしたブロックの底の面を削って、穴が直角になるように修正する方法もあります。

穴あけ治具を加工する材料の上に載せ、治具の穴と合わせてクランプで固定します。治具の穴にドリルビットを挿し込んで穴あけをすると、直角に近い穴あけができます。

直角穴あけ治具の穴の径と、ドリルビットの径の違いが大きいと、ビットの直角を保持することが難しくなるため、径の異なる数種類穴あけした治具を準備します。

穴の深さはブロックの厚みで調整できる
自作の穴あけ治具

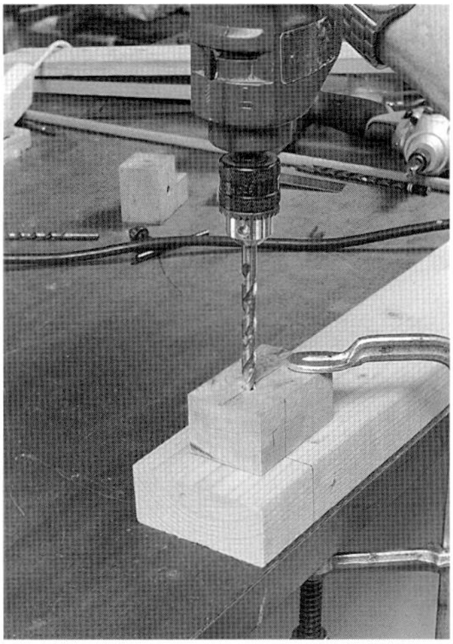

木のブロックに直角の穴をあけて
木製穴あけ治具を作る

治具を材料に載せて固定して使う

ドリルガイド

1つの部材に、何本もの直角となる穴をあけるとき、正確に穴あけできる補助工具にドリルガイドがあります。ドリルガイドは、ボール盤では処理できない位置への穴あけにも便利です。

ドリルガイドに、電動のドリルと穴あけビットを取り付けて使いますが、角度をつけた穴あけもできるのでいろいろ応用できます。

ドリルガイドは左右のストッパーで
深さを調節できる

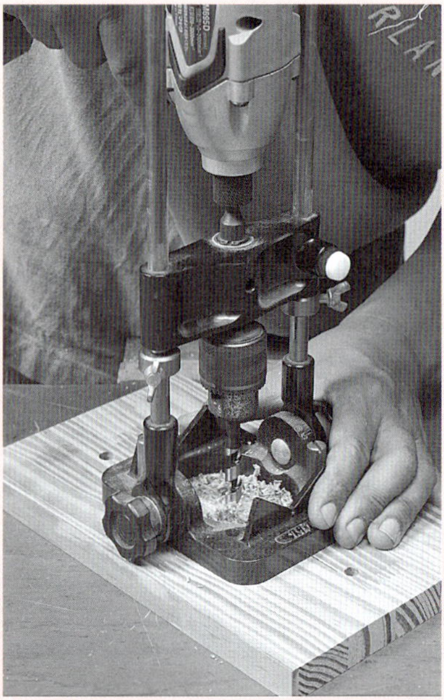

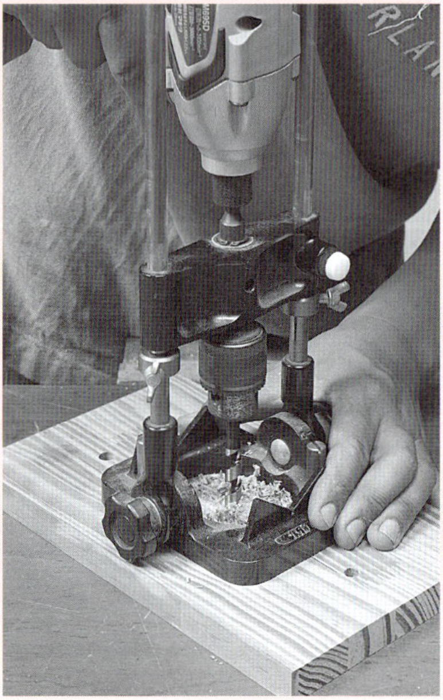

任意の角度に斜めの穴あけも可能

上級者向け

大きな穴をあけるビット

太い木材に太い丸棒やパイプを通したいときには、大きな穴をあける必要があります。先端工具としては、直径30mmを超える螺旋形のドリルビット、一本で穴あけの直径を調節できるビット、大きな口径の座ぐりができるものなど種類もいろいろあるので、加工目的によって使い分けます。マシンは低速回転ができると使いやすいものが多く、ある程度パワーのある電動ドリルを選びます。

ドリルビット

螺旋形のドリルビットは、六角軸のタイプが多く、穴あけのサイズは各種用意されているので、必要とする穴の直径に応じて選びます。

直径 24mm の木工用ドリルビット

口径の大きなビットを扱うときは、
ドリルをしっかりホールドする

フォスナービット

フォスナービットは、浅く穴をあける座ぐりに使うだけでなく、貫通する穴にも使います。電動ドリルを手持ちで操作するときには、しっかり支えて慎重に作業を進め、材料の表と座ぐりの底が平行な面に仕上がるように注意します。

軸がストレートのタイプと、六角軸のタイプがあるので、手持ちの電動ドリルに合わせて選ぶようにします。

フォスナービットは、ボール盤に取り付けて使用すると安定した加工ができます。

フォスナービットストレート軸（上）と
六角軸（下）

板錐(いたきり)

板状で先端部分に錐の付いたビットは、削りクズがほとんど詰まることなく作業できるビットです。厚い板の穴あけにも使うことができます。

小さなものは直径 6mm から、大きなものは直径 30mm ほどの穴あけ用ビットがあります。

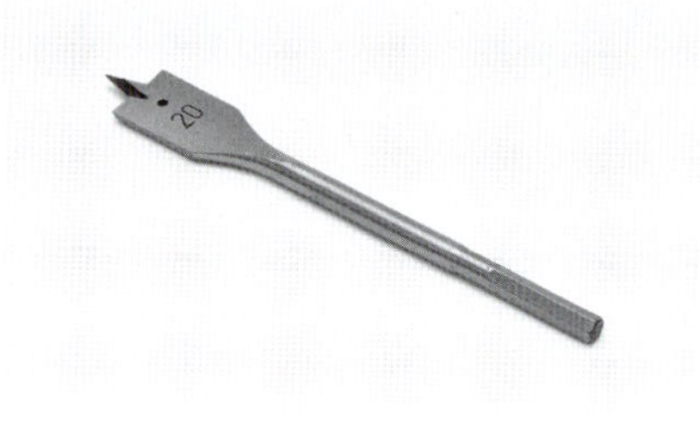

直径 20mm の板錐ビット

直径を調整できるビット

直径を変えられる先端工具は何種類かのタイプがあります。

パワービット

パワービットは、マイナスドライバー１本で穴あけの直径を変えられるビットで、座ぐりに便利です。貫通する穴あけに使うときには、スライドするブームがしっかり固定されているか、穴あけのじゃまにならないかどうかを、確認してセットします。

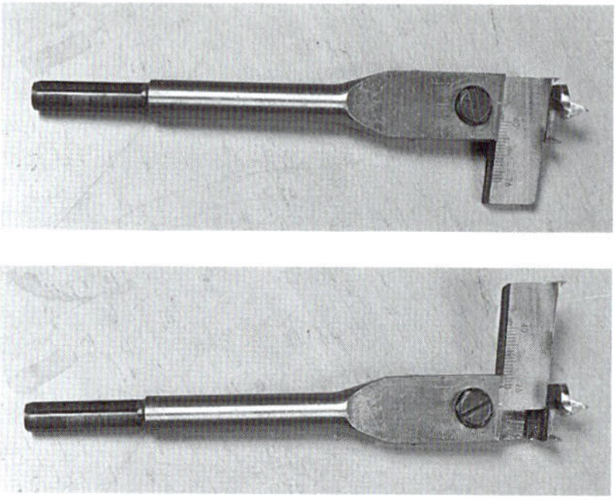

パワービット
ゲージの 40mm から 70 mmの目盛に合わせて直径を選択する

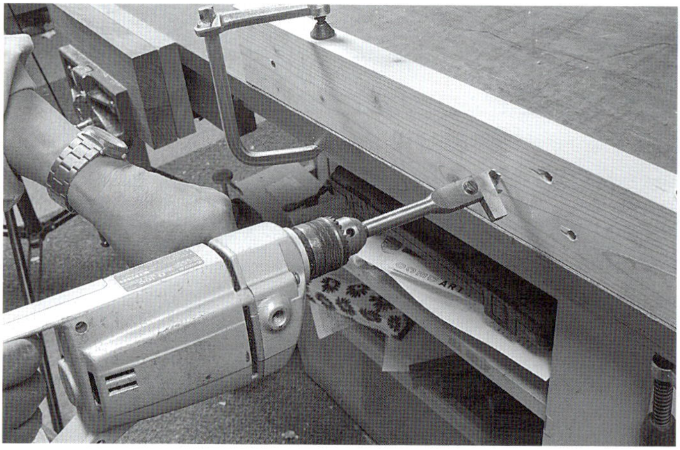

パワービットを使うときには材料をしっかり固定する

自由錐（じゆうきり）

切り刃を移動して蝶（ちょう）ネジで固定するタイプのビットで、切り刃のバーに刻まれた目盛を目安に、穴あけ直径の選択をします。

厚さ 30mm 以上、50mm の穴あけに使え、穴あけ範囲は直径 40mm ～ 120mm です。用途は、硬質木材、窯業系サイディング、ＦＲＰなどに使います。

センタードリルの先端が材料を貫通してから、裏側から穴あけをします。

自由錐（２枚刃）左右の刃が
同時に溝を掘りながら穴あけする

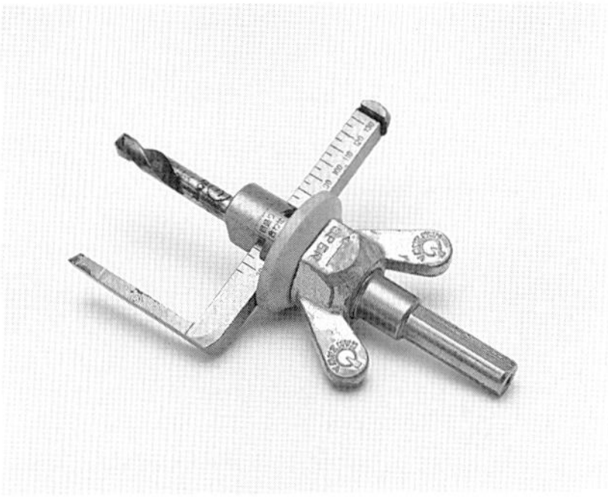

自由錐（１枚刃）は横向きのバーに
目盛りが刻まれている

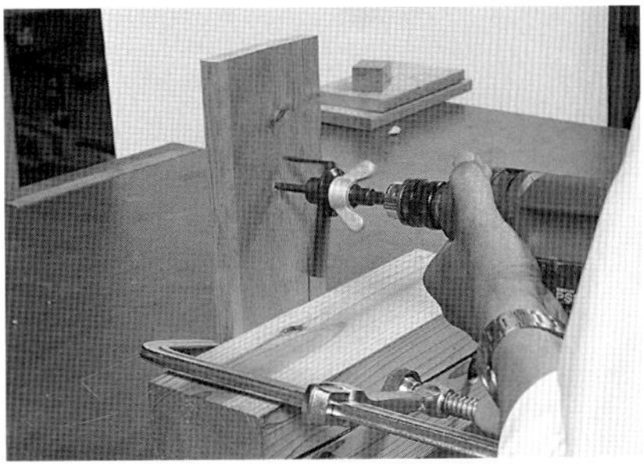

穴あけの中心にセンタードリルを合わせる

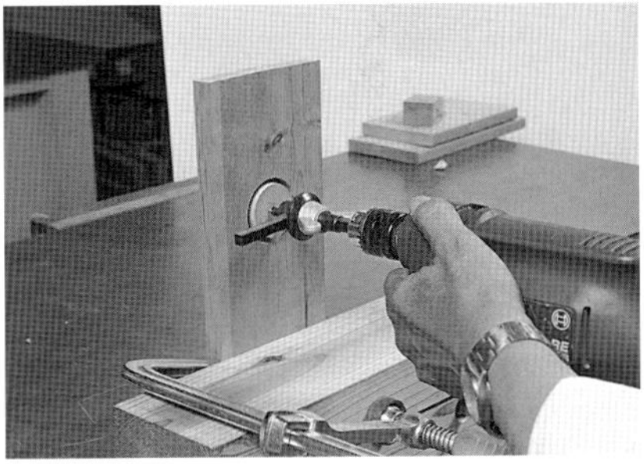

自由錐の刃が回転して円形の溝を掘る

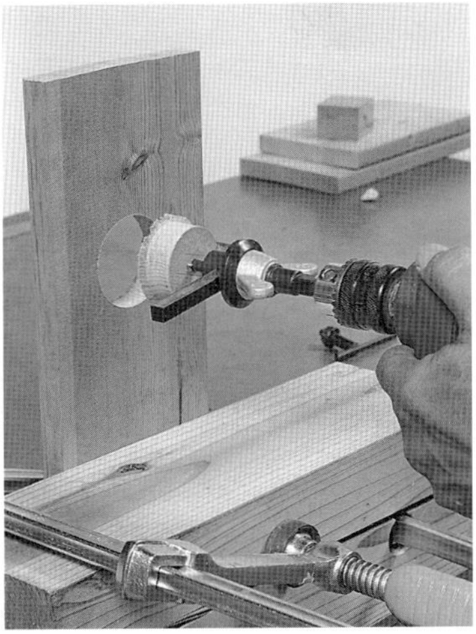

円形の溝が貫通することで穴あけができる

初級者向け

ネジ頭を丸棒で隠す

身近に置く木工作品をネジで止めて固定したままにすると、ネジの頭が目立ってデザインが損なわれることもあるので、ネジを穴に埋めてその穴を丸棒で塞ぐ手法で、きれいな作品に仕上げることができます。

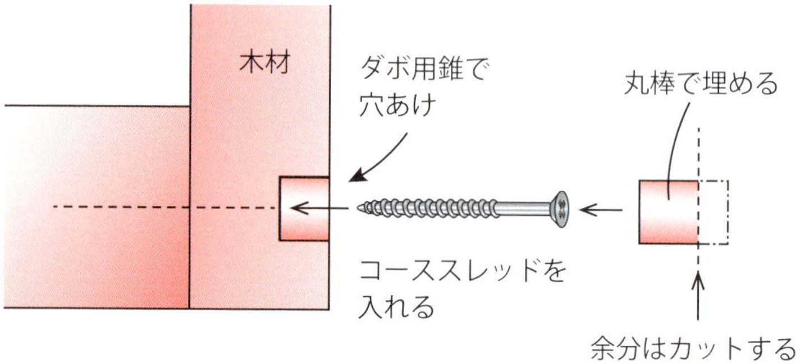

ネジを埋め込む穴をあける準備

丸棒を埋める穴あけには、ストッパーが付いているダボ用錐(きり)を使います。

写真のダボ用錐は約 10mm の深さで穴あけができるものです。ほかにも直径のサイズが数種類あるので、ネジの頭が通るサイズのダボ用錐を選びます。このとき、穴埋めする丸棒も合わせて準備しておきます。

ダボ用錐を使うと、穴の深さは一定にできるので、ネジの長さも決まり、準備する種類も限定できるというわけです。

ダボ用錐を強めに押し付けて穴あけをすると、穴の入り口のエッジを削って皿穴の形状にしてしまいます。

ダボ用錐

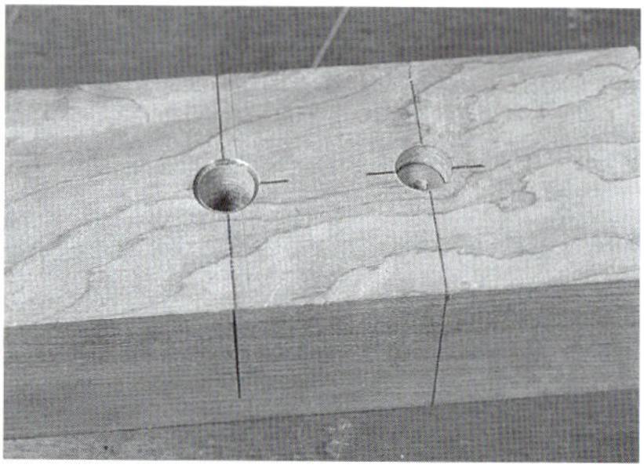

左は強めに押し付けて皿穴になった例
右はスペーサーを使用して皿穴を防いだ例

皿穴の必要がないときには、スペーサーをつくっておくと、ドリルビットでも穴の内側を削らないように作業ができるので、安心して作業ができます。

皿穴に丸棒を埋めるとリング状の溝ができる

ドリルビットに自作のスペーサーを使って
皿穴を防ぐ

ネジ穴を丸棒で埋める

1. 写真のダボ用錐に自作のスペーサーを使って穴あけすると、エッジを削らずにすむ

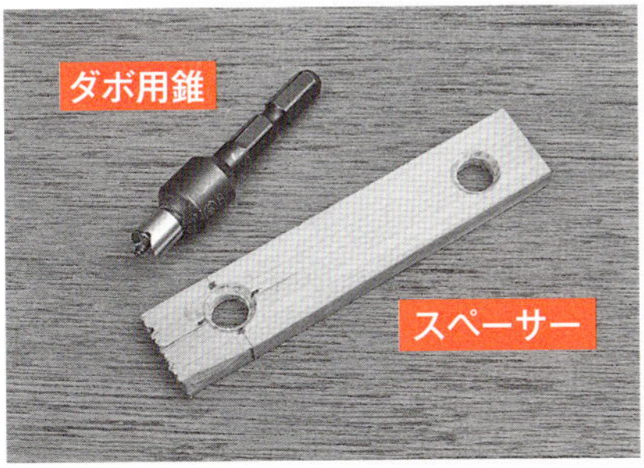

2. 直径8mmの穴のセンターに印が付く

3.穴のセンターにネジを入れる

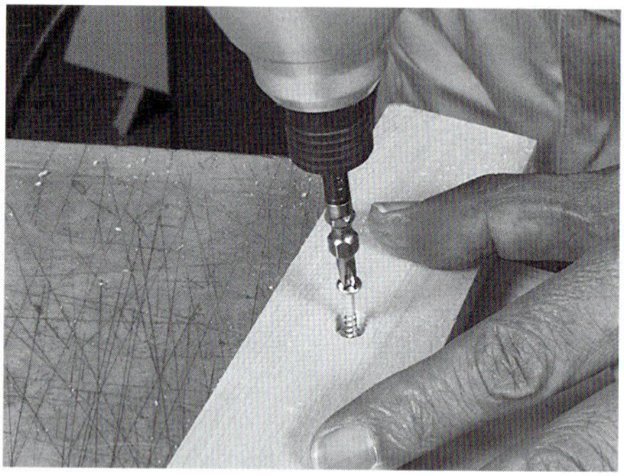

4.ネジを埋め込んだ穴に丸棒を挿し込む

5.丸棒の余り部分をカットすることで穴埋めができる

◆ダボとは◆

クギやネジを使わずに木を接合する方法のひとつで、双方の材に穴や溝を掘り、木片を挿し込んで接合します。その木片をダボと呼び、丸棒や角棒の形のものがあります。

◆丸棒はボンドで接着◆

丸棒には木工用ボンドを軽くつけて叩いて入れ、ボンドが乾燥してから余っている丸棒をノコギリでカットし、サンド・ペーパーで仕上げます。

初級者向け

木材に鉄工用ビットを使う

ブロック状の厚い木材や、乾燥して堅く締まった木材に穴をあけようとして、ちょうどよいサイズの木工用ビットが手許にない場合、鉄工用ビットで代用することができます。

左は鉄工用ビット、
右は木工用ビットであけた穴

種類が豊富な鉄工用ビット

木工用の先ネジタイプのビットは、材料のなかにどんどん引き込まれますが、任意の位置で止めたいときに、先ネジビットの代わりに鉄工用ビットを使うことができます。

鉄工用ビットは、豊富なサイズで揃えているので変化のあるデザインに対応もできます。ただし、穴のエッジをきれいに仕上げることが難しいので、工夫が必要です。

削りクズを落とす

鉄工用ビットを使うと、削りクズが詰まって、発熱したり回転が遅くなったり、ときには回転が止まることがあります。その場合はスイッチを切って、ビットを本体から外してクズを落としますが、ビットが高温になっていることがありますので、手袋や厚い布などでビットを扱うようにします。

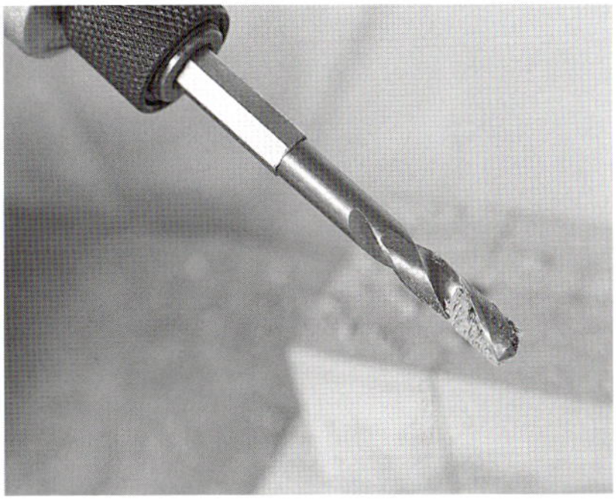

ビットに詰まった削りクズ

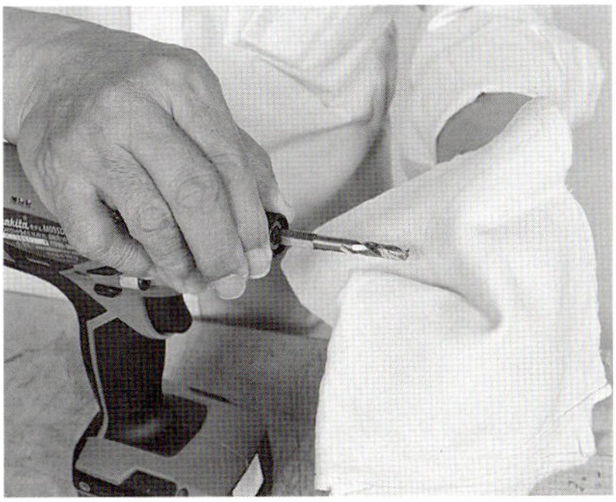

熱を帯びたビットは厚い布などを使って扱う

キックバックに注意する

厚い木材に、深い穴を開けるときには、特に材料をしっかり固定することに注意して、回転の力がドリル本体にかかり、ドリルを支えている手に反動の力が加わることに備えます。

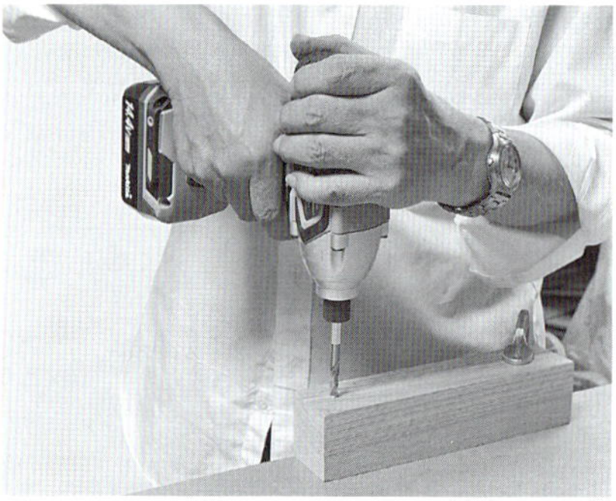

マシンを両手でホールドして、
鉄工用ビットで木材に穴あけする

この反動するキックバックの力は大変強く、手首にダメージを与えることもあるので、反動を感じたら素早く電動ドリルのスイッチを離します。

キックバックは、鉄工用ビットに限ったことではなく、木工用ビットを使うときにも注意が必要で、ドライバードリルなど、両手で扱うようにするとよいでしょう。

穴あけを再開するには、両手でマシンを支え、小刻みにスイッチを入れる操作をして、少しずつ穴あけを進めるようにします。

れすきゅー（お助け!）
材料に残ってしまったビットをどうしよう?

堅い材料や厚い材料の加工をしているときに、電動ドリルの回転が止まり、ビットが本体から抜けて材料に刺さった状態になることがあります。特に、キーレスチャックに丸軸ビットの組み合わせで起こります。

材料の浅い部分でビットが残った場合は、手袋や厚い布でビットを握り引き抜きます。しかし、ビットが深い位置にある場合は、プライヤーで引き抜きます。

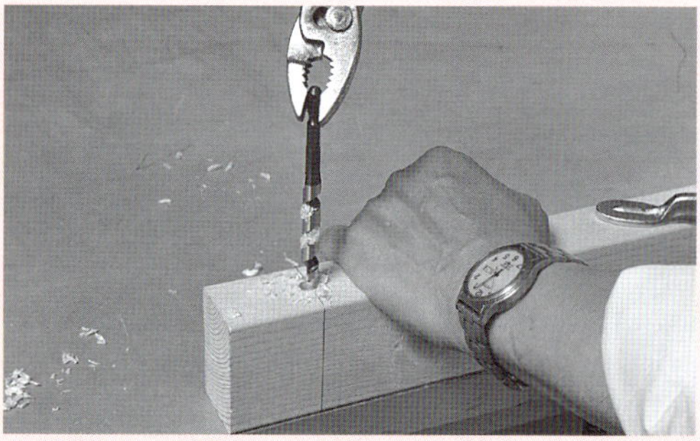

材料に残ったビットをプライヤーで引き抜く

初級者向け

ストッパーの傷をカードで防ぐ

ドリルで穴あけをするときに、穴の深さを一定にするためにドリルストッパーを使うことがありますが、材料に傷を付けてしまうことがあります。その傷防止にプラスチックカードを活用するアイディアです。

任意の深さで穴をあけるドリルストッパー

ドリルストッパーはドリルビットにネジで締め付けて取り付け、決めた深さで穴をあけるときに使います。穴が深くならないようにする、便利な道具です。

ストッパーには、大きく分けてリング状のタイプと、材料に当たる面をフリー回転するようにしたタイプのものがあります。リング状のタイプは、材料に当たって傷を付けてしまうことがあります。また、フリー回転タイプのものでも、材料への当て方で傷を付けることがあるので、ちょっと手前で留めるなど慎重に作業を進めます。

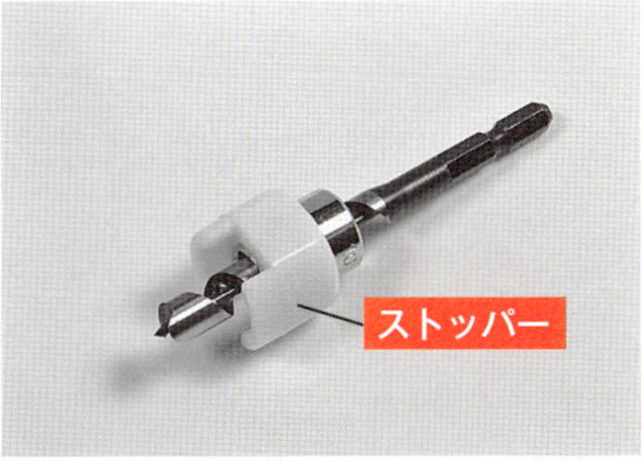

ドリルビットに取り付けたストッパー

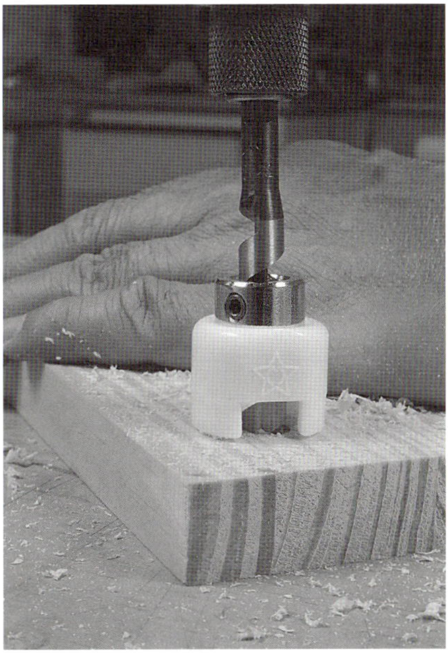

ストッパーと材料が接すると、
それ以上はビットが掘り進まなくなる

プラスチックカードを挟んで傷を防ぐ

薄く硬質なものをドリルストッパーと、材料の間に挿し込めば傷は付きません。そこで、どこにでもあるプラスチックカードを活用します。

プラスチックカードは、不要になったポイントカードや、ショップの会員カード類が使いやすく、厚さが0.5mm程のものでも利用できるので、捨てずにとっておくことを勧めます。

プラスチックカードには、穴あけをするときのビットの直径か、少し大きい直径の穴をあけておき、ストッパーの下敷きにするわけです。

材料とストッパーの間にプラスチックカードを挟むことで傷を防ぐ

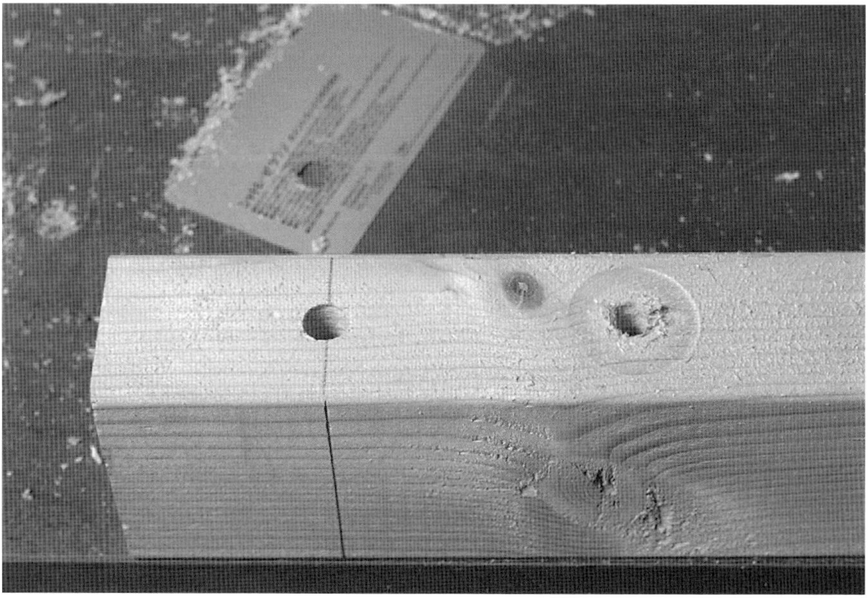

左はプラスチックカードを挟んで傷を防いだ穴
右は穴の周囲にストッパーの回転傷跡が残っている

初級者向け

蝶番の穴あけ専用ガイドを活用する

蝶番（ちょうつがい）は、扉やフタなどいろいろな所に使われています。設計どおりに正確に取り付けることで、機能の面でも仕上がりの面でも満足できるものになります。ところが、簡単に思える取り付けは意外に難しく、その作業をサポートする蝶番穴あけ専用ガイドドリルを上手に活用すれば、正確なネジ締めが可能になります。

正確なネジ締めが求められる蝶番の取り付け

正確な位置づけ

蝶番の取り付けには、取り付け位置の墨付けの正確さと、ネジ穴の中心に正確なネジ締めをすることが求められます。

墨付けが正確なら、取り付けはうまくできるはずなのですが、少しのネジ位置や角度にずれがあると、蝶番を正しく取り付けることはできません。このネジのずれが、扉やフタがずれてしまう原因のほとんどです。

特に、小型の蝶番の場合は、ネジ穴のセンターを示す墨付けは難しいものになります。しかも、蝶番のネジ穴の中心にネジを入れるのは、目測では難しいことです。

下穴を直角にあけるのも困難

蝶番取り付けネジが、材料に対して直角に入らないと、ネジ頭がぶつかることもあり、扉やフタをしたときにぴたりと収まらない原因にもなります。

ネジ締めには下穴をあけますが、下穴専用のビットを使っても、ぴたりとネジ穴の中心を狙うのは難しいことです。さらに、木材の年輪でビットがずれてしまうことがあります。このように、なかなかネジ穴のセンターに行かないことが多いのです。

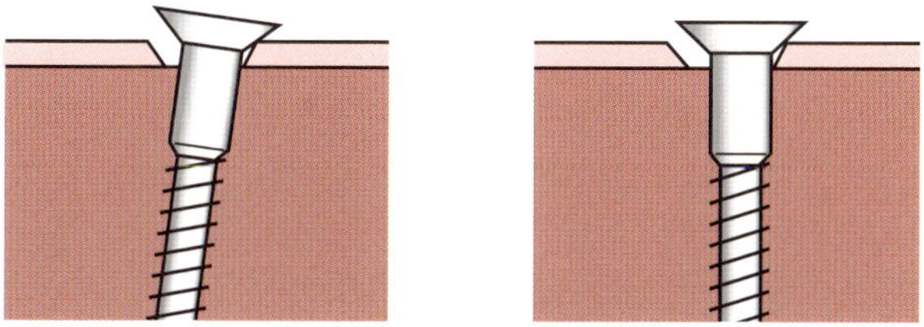

木目に負けて斜めになる

蝶番穴のセンターからずれてしまう

蝶番穴あけ専用ガイドドリルを活用する

蝶番穴あけ専用のガイドドリルを使うと、穴のセンターに下穴をあけることができて、穴の角度も狂わずにあけることができるので、問題は一気に解決します。

このガイドドリルは、蝶番の穴そのものを使って位置決めができるようになっています。蝶番のテーパー状の穴に押し付けるとガイドの先が常にセンターに止まり、さらに押し付けると中からドリルビットが出て下穴あけができるという仕組みです。

材料が木目の強い木材の場合でも木目に影響されてずれることはなく、ドリルガイドの角度を垂直に保てばネジの頭は蝶番のテーパー穴に収まります。

ガイドの先端にドリルビットが仕込んである

ガイド先端の丸みがネジ穴に合い、
穴のセンターで止まる仕組み

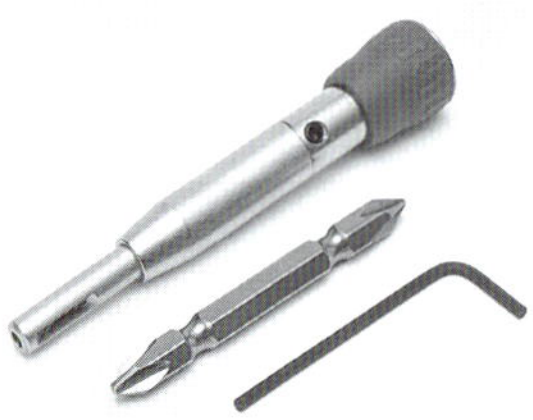

●ガイドドリルセット

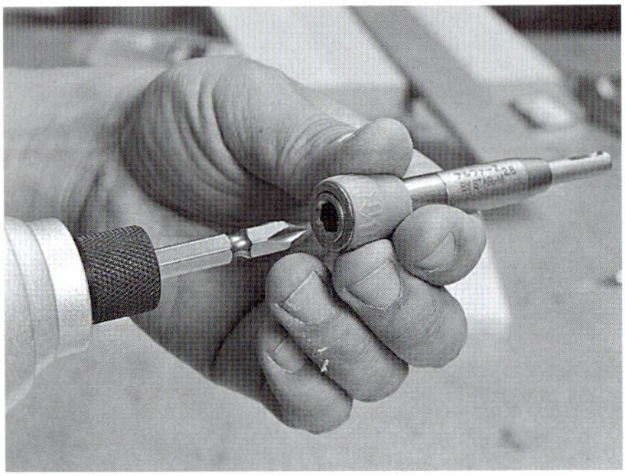

本体に装着したプラスビットに
ガイドドリルを挿し込む

ネジ穴にガイドドリルを押し当ててスイッチを入れると、ガイド内部の刃で穴あけができる

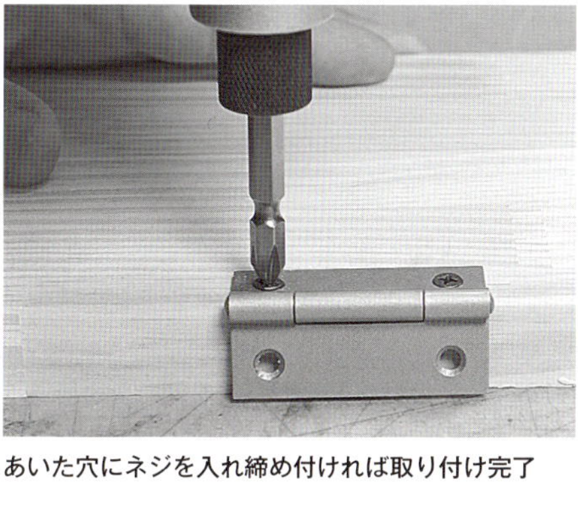

あいた穴にネジを入れ締め付ければ取り付け完了

初級者向け

鬼目ナットの取り付け

組立て家具や、部材の取り付け・取り外しを何度も行ない、強度も保つような部分のパーツに、鬼目ナット*がよく使われています。

鬼目ナットの使い方

木材の加工でも、金属の加工でもクランプやバイスを使って、材料をしっかり固定することは作業の基本です。

ところが、クランプの金属部が材料に当たり、強く締め付けて固定するとへこんで傷になってしまうことがあるので、傷を付けないように工夫して作業を進めるようにします。

●鬼目ナット

1. 下穴をあける

下穴は「M」が付いた呼び径より2～3mm大き目の穴をあける。

例えば部材を取り付けるネジの太さが6mmの場合、下穴に9mmの穴をあける。

上に取り付ける材料とそれを受ける材料を重ねて、同時にドライバードリルで穴あけすると位置の誤差は少なくなる。

2枚重ねて下穴をあける（ツーバイ材の例）

2. 鬼目ナットを締め付ける

材料に対して鬼目ナットを直角に入れ、6mmの六角レンチで回して締め付ける。ドライバードリルを使って六角レンチのビットで締め付けできるが、L字形の手で回すレンチでも回すことができる。

鬼目ナットを六角レンチで締め付ける

3. 取り付ける部材を
ボルトで締め付ける

ボルト類は六角ボルトでも、鍋頭のプラスネジでも使いやすいものを使い、取り付ける部材にネジ類で傷を付けないようにワッシャも使うとよい。

部材をボルトで締め付ける

● 使用するネジの直径と、下穴径と、鬼目ナットを回すレンチのサイズ

ネジ直径	下穴径（mm）	レンチ（mm）
M4	5.7 ~ 6.0	4
M5	7.7 ~ 8.0	5
M6	8.7 ~ 9.0	6
M8	11.2 ~ 11.5	8

＊鬼目及び鬼目ナットは㈱ムラコシ精工の登録商標です。

六角ボルト

六角ボルトはナットと一緒に使うことが多く、名前のとおり頭の部分を六角形にしたネジで、スパナやレンチを使って締め付けます。もちろん、ソケットと呼ぶボックスレンチをドライバードリルに取り付けて使えば、スピーディにネジ締めができます。

ネジやボルトには「全ネジ」「半ネジ」という種類があります。「全ネジ」は頭部以下が全てネジにしてあり、「半ネジ」は一部分にネジを切ってあります。全長が短いネジやボルトは「全ネジ」しかありませんが、全長が長くなれば半ネジと全ネジの両方があります

六角ボルトは「通しボルト」と呼ぶ使い方が多く、六角ボルトと六角ナットで部材を両側から挟んで締め付けます。ボルトを締め付けるときにナットの空回りを防ぐためには、スパナでナットを押さえます。

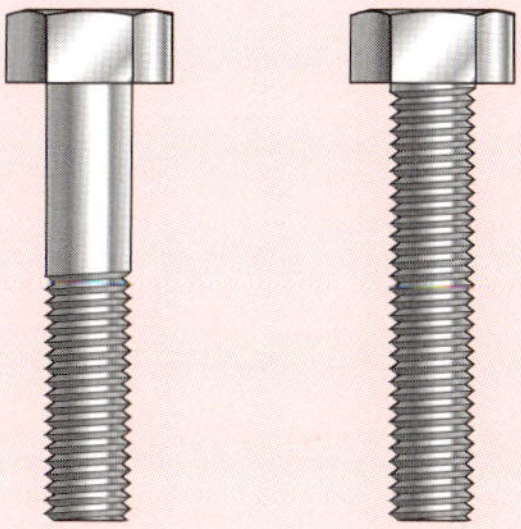
半ネジ　全ネジ

中級者向け

ハードな穴あけに振動ドリルを使う

コンクリートや石材に穴をあけたいとき、ブロック、モルタル、石膏ボードに穴をあけたいなど、ハードな作業には振動ドリルを使います。振動ドリルのほとんどは、電気ドリルとしての使い方もできます。

振動ドリルの特徴

振動ドリルには、補助ハンドルとストッパ[*]を取り付けることができます。

補助ハンドルを取り付けることで、本体のハンドルと共に、両手で支えて作業できるので、力を加えながらマシンがぶれずに操作ができます。

ストッパは、穴あけの深さを調整するためのゲージで、任意の深さに応じた位置に調整して、補助ハンドルに締め付けます。

モード切り替えレバー

回転のみの電気ドリルとして使用する場合は、本体上のモード切り替えレバードリルビットマークの位置に合わせる。

本体上のモード切り替えレバーを振動ドリルモードに合わせれば、回転＋振動の振動ドリルとして使える。

連続運転と逆回転ができる

この機種では、正逆回転切換えレバーはトリガースイッチの上にある。

連続運転をする場合は、トリガースイッチを引いてONにした状態でロックボタンを押し込む。連続運転を終了させる場合は、トリガースイッチを引くと、ロックボタンが戻る。

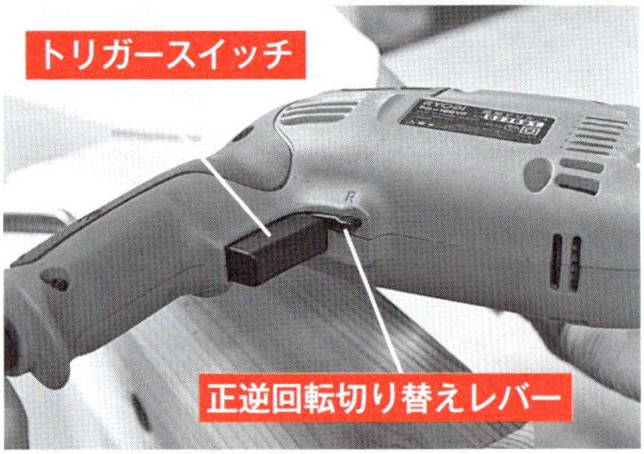

＊穴の深さを調整する役割を「ストッパ」や「ゲージ」とメーカーごとに呼称が異なるが、ここでは「ストッパ」と表記。

電気ドリルとしての操作法

1. 補助ハンドルとストッパを取り付ける

補助ハンドルを回してネジを弛め、本体に挿し込んで取り付ける。ハンドルは使いやすい角度に調整する。そして、深さを調節するゲージとなるストッパを取り付ける。

2. ビットを材料に当て穴の深さを決める

3. ビットの先端とストッパの先端との差が穴の深さとなる

補助ハンドルを弛めて、材料の穴をあける位置にストッパを当てたとき、ドリルビットの先との差が穴の深さになる。

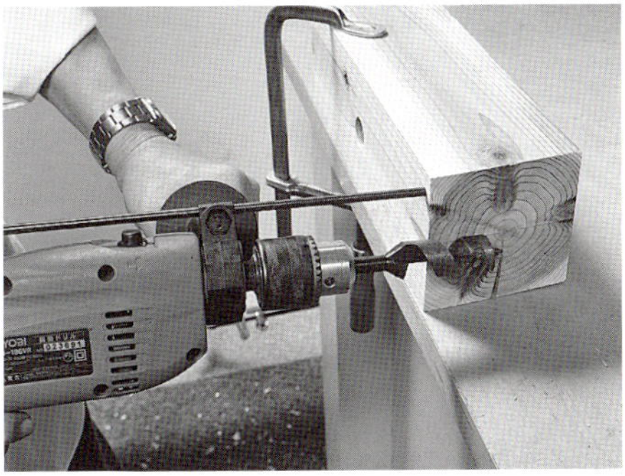

4. 材料に直角となるようにドリルを固定し穴あけをする

回転のみのモードであれば、 鉄・木材への穴あけができ、電気ドリルと同じ扱いができる。

振動ドリルとして使う

コンクリートブロックに穴をあける

深さを決めたら、穴あけ面に垂直にドリルを固定してドリルを進める。

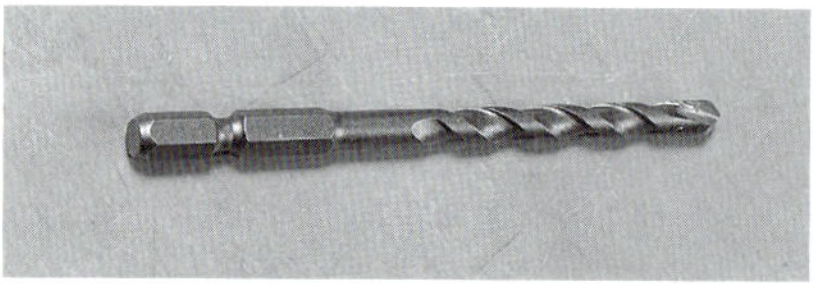

コンクリートの穴あけができるビット

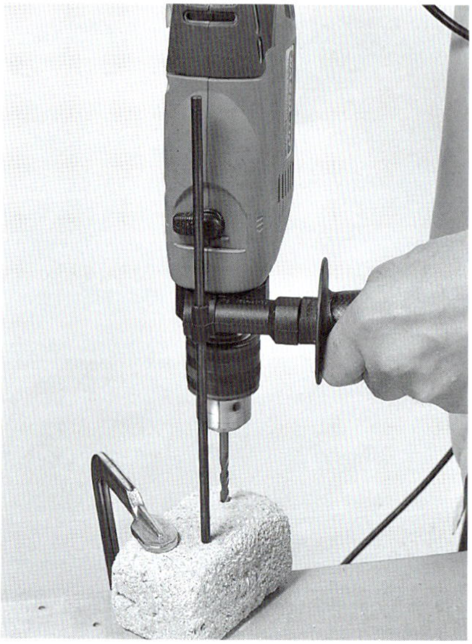

ロックボタン

グリップつきの電動工具のほとんどは、グリップの付け根にトリガースイッチがあり、スイッチを引くとＯＮになり、放すとＯＦＦになります。

トリガーの引き具合によってモーターの回転数を変化させるタイプが多く、フルに引くとその機種の最高回転数になります。

連続で回転させて使う場合は、トリガースイッチを引いた状態で、グリップの側面にある「ロックボタン」を押すと、トリガースイッチから指を放しでもスイッチはＯＮの状態になります。ＯＮの状態からＯＦＦにするには、再びトリガースイッチを引いてロックボタンを解除し、トリガーから指を放すとスイッチは切れます。

連続作業

1. 先端工具をチャックに挿し込んで締め付けます。
2. トリガースイッチをフルに引き込んで、電源ＯＮの状態にします。
3. そのままの状態でオンを保持するロックボタンを押します。
4. トリガースイッチから指を離します。
5. ロックボタンから指を離してもモーターは回り続けます。

中級者向け

横置きドリルホルダーを作る

電動ドリルを使って鉢や椀づくり、バターナイフやオブジェなどの木彫り作業、木や金属のサンディングには、電動ドリルを固定できれば両手で安全に作業でき、電動ドリルの活用範囲が広がります。

ドライバードリルを横にセットするドリルホルダー（写真では振動ドリルを利用）

ドリルホルダーは、電動ドリルを固定して、作品を両手で支えることができるので、安全な環境で作業ができます。

作例のドリルホルダーには振動ドリルを使っていますが、ドライバードリルや電気ドリルを使うと小型で使いやすいものとなります。ただし、連続運転をするためのロックスイッチが付いているタイプのドリルを使うようにします。

横置きドリルホルダーの製作

ドリルは、ネックの部分とグリップエンドの2か所を台に止めるだけでしっかり固定できます。ドリルを横置きにするとパーツも少なく、加工も少なくなります。

図面には寸法を入れていませんので、手許のドリルに合わせてパーツの位置を決め、ドリルに取り付ける先端工具の位置が工作台の外側に出る形になるように設計します。

パーツを止める台の材料にはベニヤ板、集成材など、ある程度の厚みがあればいろいろな材料が使えます。

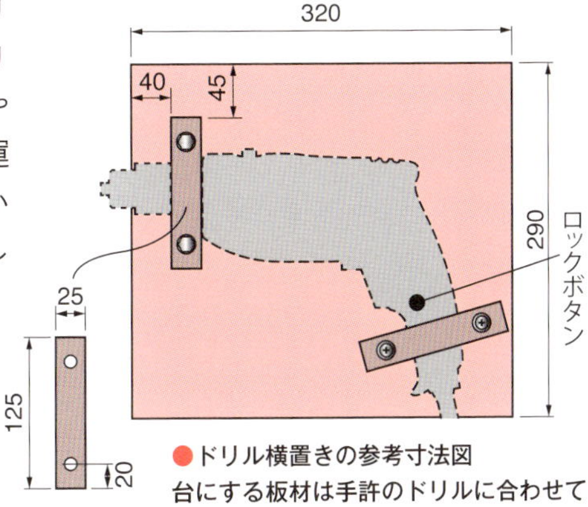

●ドリル横置きの参考寸法図
台にする板材は手許のドリルに合わせて決める。ドリルを固定する止め具は、六角ボルトでもプラスボルトでもよい。サイズや固定する位置は、使用ドリルに合わせる。

1. 上下の木片で本体を固定する

木片はある程度削ってから形を合わせてネジで止めると、形がなじんで変形に耐えながらドリルを固定できる。
木の止め具は上下2つに分け、下の止め具は台の裏からネジで止めてドリルを受ける。

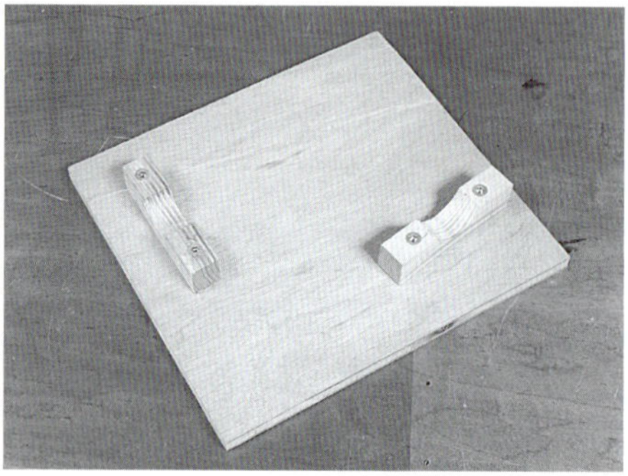

2. ボルトと鬼目ナットで固定する

上からドリルを押える止め具は、ボルトで止め、このボルトには鬼目ナットを使う。鬼目ナットなら、ビスを指で締めてから、最後にスパナかドライバーで締めることができ、何回も取り外しが可能になり、安心して便利な使い方ができる。

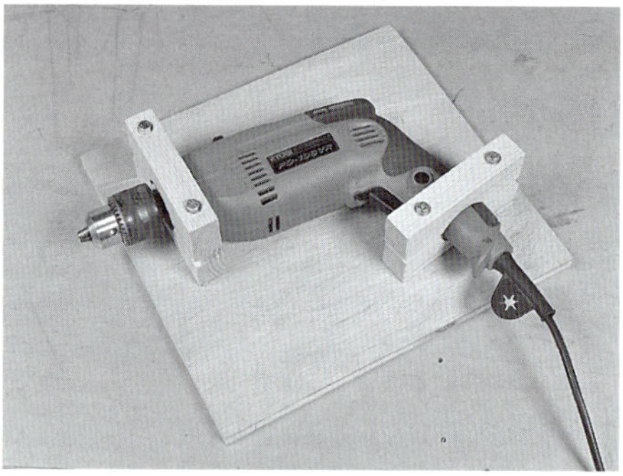

3. 横置きホルダーを作業台に固定して使用する

ドライバードリルをホルダーに固定したら、台ごと工作台にクランプで固定する。

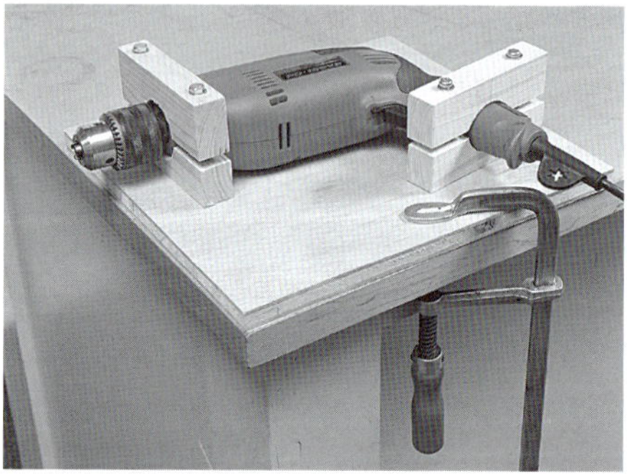

4. ロックボタンを押してスイッチを離すと連続運転できる

電源プラグをコンセントに挿し込み、ドライバードリルのトリガースイッチを入れ、ロックボタンを押して連続回転状態で作業を進める。
サンディング類の先端工具を使うが、刃物類は絶対使わないようにする。

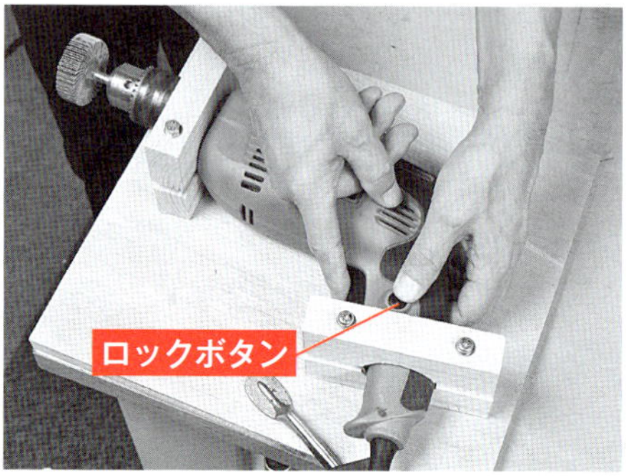

据え付けタイプの電動ドリル

ボール盤

ボール盤は、据え付けタイプの電動ドリルで、パワーがあり、正確で美しい穴をあけることができます。ボール盤のワークテーブルは、ドリルビットに対して直角に固定できるので、ワークテーブルに材料を置くだけで垂直の穴あけが簡単にできます。

ボール盤は2タイプある

ＤＩＹ製作で必ずと言ってよいほどの加工に、垂直な穴あけがあります。

木工製作では、少しくらい垂直に誤差があっても、組み合わせる材料の状況によっては許されることもあり、電動ドリルを使うときに手道具で垂直を確認する程度でも、充分に正確とも言える角度での作品がつくりだされています。

しかし、ときとして本当に垂直な穴あけが必要なときがあり、正確な角度で、いくつかの穴あけが要求されることもあります。木工作で、正確な垂直穴あけができるマシンがほしくなる瞬間です。

また、金属加工では、特に垂直な穴あけが要求されることが多く、正確な加工ができるマシンです。

写真のボール盤は、床に据え付ける大型のボール盤で、より小型で作業台に据え付ける卓上ボール盤もあります。

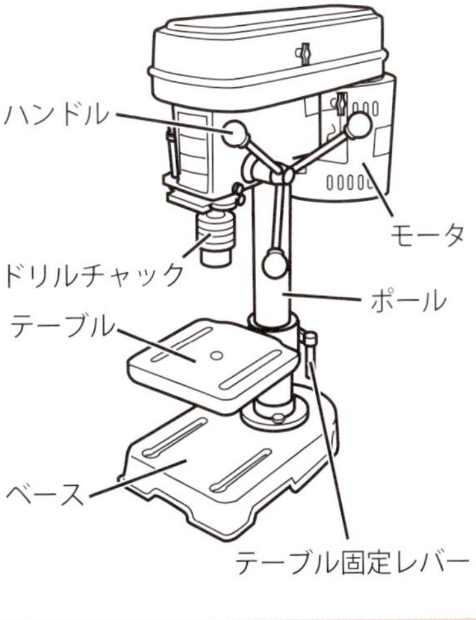

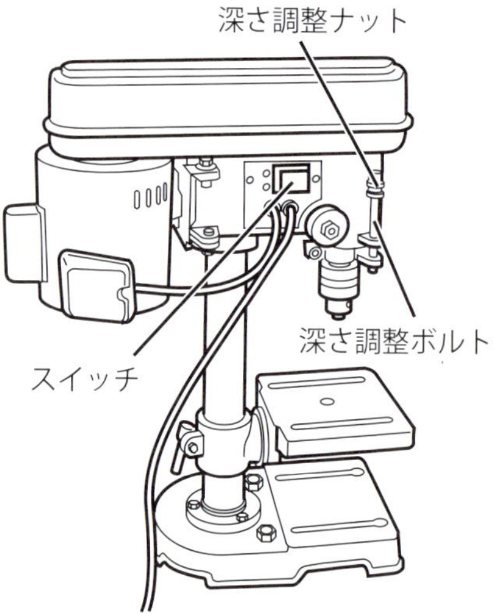

ボール盤の使い方

ドリルチャックにビットを取り付ける

ボール盤にはドリルチャックが取り付けてあり、チャックの３本爪を開いてドリルビットを挿し込んで締め付けます。

締め付けるときにはキーを使い、チャックの3か所すべてを使って締め付けると、これでチャックのセンターに、ビットのセンターがピタリと合うことになります。

金属の加工では、特にセンターが合うことを重視しています。

ビットを固定したら、ドリルを空転させ、ビットのずれをドリルの振れで確認します。

同じ位置に正確な加工ができる

木工加工でも、金属加工でも、材料をしっかり固定して作業することが大事なことで、ボール盤のようなマシンを操作するときでも、ハンディなドリルで穴あけするときでも同様に大事なことです。

サイズが同じ材料に、同じ位置で穴あけするときには、ボール盤が特に有効です。

同じ深さで穴あけができる

材料を載せるテーブルは上下に動かすことができます。材料の高さに応じてテーブルを動かして、作業しやすい高さで作業を進めることができるので便利な仕組みです。

穴あけでも、同じサイズの材料に同じ位置の穴あけや、同じ深さの穴あけを次々と加工するときに便利な機構です。

テーブルを上下に動かす機構には種類があり、普及型のボール盤ではテーブルを小さなレバーでロックします。ロックを弛めて手で直接上下するのですが、高さを細かく調整するのは得意なことではありません。

その一方、ハンドルを回して上下するタイプのものがあり、素早く高さの調節ができるので便利な機構です。

ハンドルを回してテーブルを上下する機構は非常に便利なのですが、その分少々高額になるので、加工する材料や加工の種類によって選ぶことになります。

3本のハンドルを回してチャックを下げ、
ビットの位置合わせや穴あけをする

微妙な深さ調節もできる

穴あけの深さを調節する機構はもうひとつあり、ドリルビットを上下するシャフトにストッパーが付いています。

ストッパーはナットを回すことで位置の調節ができる仕組みになっていて、ドリルビットがセットした深さ以上は進まないようにできます。

材料を載せるテーブルの高さをセットして、さらにドリルの刃が下りる高さが調節できるので、2段階の調節で微妙な穴あけの深さを決めることができます。

ボール盤のモーターの振動でナットが回転してずれてしまわないよう、ダブルナットで締め付けることができるのも安心できる点です。

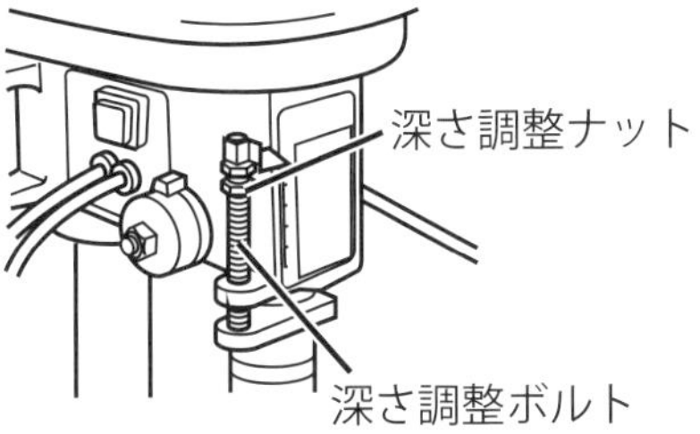

ナット2つはストッパーのボルトに付いている

八王子現代家具工芸学校の紹介

本書の写真撮影にご協力いただいた「八王子現代家具工芸学校」は、東京西部の高尾山の近く、緑豊かな八王子市にあります。

本校は、2010年より「家具のまち八王子」の一環として、（株）村内ファニチャーアクセス協力のもと、本格的な家具デザインと制作技術を学べる学校として開校しました。

自らの頭で考え、自らの手でつくることにより、作品構成と構造を理解し、人間工学と素材の理解を深め、それらを融合してデザイン表現できる技術を持つ人材を育て、自立できる家具デザイナー・木工家の育成に取り組んでいます。

また、趣味としての木工を楽しみたい方、自分で家具づくりを楽しみたい人たちに向けて、木工の基本から応用家具づくりまで、さまざまなレベルでの技術指導、作業場所の提供を行っています。

ログハウス造りの「八王子現代家具工芸学校」

上写真／作業室
下写真／木工機械室

1階は木工機械室となっており、手押しカンナ盤、自動送りカンナ盤などをはじめとした大型木工機械を備えています。2階は手加工作業室で、木工バイス付き作業台を中心に、砥石場・塗装場などがあります。

プロを目指す人を対象とした、「クラフツマンシップ家具デザインコース」（1年・2年コース）のほか、短期コース（全12回）の基礎家具デザインコースや1日体験コースなど6コースがあります。

■受講の問い合わせ先■
「八王子現代家具工芸学校」
（担当：伊藤洋平）
住所：〒192-0012 東京都八王子市左入町787
（株）村内ファニチャーアクセス内
電話：090-4243-0506
Mail：mail@itofurniture.com
URL:http//blog.goo.ne.jp/gendaikagu

■著者紹介

高橋 甫（たかはし はじめ）

東京都生まれ。出版社勤務の後、養護学校中高等部の木工室助手を勤め、2000 年に木工工房を設立。木工作雑誌・木工手道具書籍の刊行に携わり、現在は朝日カルチャー新宿教室の講師を務める。著書に『高級家具作りに挑戦』（技術評論社）がある。

■制作スタッフ

●写真撮影　山口祐康
●作図　亀井龍路
●マンガ　夏目けいじ
●装丁　吉川淳
●DTP　宮代一義
●編集　株式会社朝日コミュニケーションズ

電動《でんどう》ドリルの職人技《しょくにんわざ》

2015 年 6 月 5 日　初版　第 1 刷発行

著　者　高橋　甫
発行者　片岡　巌
発行所　株式会社技術評論社
東京都新宿区市谷左内町 21-13
電話　03-3513-6150　販売促進部
03-3267-2270　書籍編集部

印刷／製本　昭和情報プロセス株式会社

定価はカバーに表示してあります

ISBN978-4-7741-7300-9 C3054

Printed in Japan

本書の内容に関するご質問は、下記の宛先まで書面にてお送りください。お電話によるご質問および本書に記載されている内容以外のご質問には、一切お答えできません。あらかじめご了承ください。

〒162-0846
新宿区市谷左内町 21-13
株式会社技術評論社 書籍編集部
「電動ドリルの職人技」係
FAX：03-3267-2271